KÄSE

Dr. Ute Paul-Prößler

KÄSE

Mit 72 Rezepten,
exklusiv fotografiert
für dieses Buch
von
Hans Joachim Döbbelin

INHALT

Käse – ein Thema in vielen Ländern	5
Notizen aus der Käsehistorie	6
Die Herstellung von Käse	12
Vom Umgang mit Käse	18
Das Nahrungsmittel Käse	20
Hartkäse	26
Schnittkäse	36
Halbfester Schnittkäse	42
Sauermilchkäse	56
Frischkäse	57
Enorme Vielfalt	59
Rezepte	62
Lexikon der Käsesorten	182
Die Rezepte nach Gruppen	188
Register	190
Bildquellen/Impressum	192

Käse – ein Thema in vielen Ländern

Käse wird aus Milch gemacht – aus Kuhmilch hauptsächlich, seltener aus der Milch von Schafen oder Ziegen. Damit ist, was das Angebot unserer Käsegeschäfte betrifft, das Repertoire auch schon erschöpft. Käse aus der Milch von Kamelen und Pferden, Rentieren, Wasserbüffeln oder Jaks ist zwar in manchen Gegenden der Welt üblich, kommt aber bei uns – bis auf Mozzarella aus Büffelmilch – nicht auf den Tisch.

Wie viele Sorten Kuh-, Schaf- und Ziegenkäse es allein in Europa gibt, vermag keiner genau zu sagen. Käse ist ein oft noch handwerkliches Produkt, das den Gegebenheiten einer jeden Region entspricht. Da spielen die Rasse der Tiere, das Futterangebot bei ihrer Aufzucht sowie die geographischen und klimatischen Verhältnisse des Landes ebenso eine Rolle wie die Herstellung und die nachfolgende Pflege eines jeden einzelnen Käselaibes bis hin zu seiner endgültigen Reife. Die immense Nachfrage nach diesem wertvollen Lebensmittel hat aber auch dazu geführt, Käse als Massenware herzustellen. Dennoch warten alle Nationen mit landestypischen Spezialitäten auf. Gourmets aus aller Welt schätzen die Sortenvielfalt aus Frankreich, Deutschland, der Schweiz und Italien ebenso wie die feinen Delikatessen aus Spanien, Griechenland und anderen Ländern.

Der Pro-Kopf-Verbrauch an Käse spiegelt auch die Verzehrsgewohnheiten in den Ländern wieder. Die griechische Bevölkerung liegt dabei an erster Stelle; essen sie doch im Rahmen ihrer mediterranen Kost neben Gemüse und Fisch auch viel Käse, sei es als Salatzutat, als Füllung vieler Gerichte oder in Backwaren. In Frankreich ist eine Käseplatte der Abschluss eines jeden guten Essens. In Deutschland, mit einem pro-Kopf-Verbrauch von 21,1 kg im Jahr 2000, hat Käse sowohl als Brotbelag als auch zum Kochen und Backen seinen festen Platz im Speiseplan. Vielen Pastagerichten Italiens gibt erst der geriebene Hartkäse oder ein zartschmelzender Frischkäse den letzten Pfiff. So ließe sich die Aufzählung für andere Nationen weiterführen. Fakt ist, dass Käse einen hohen Stellenwert in der Ernährung vieler Völker einnimmt.

Notizen aus der Käsehistorie

Am Anfang steht die Legende. Über den Ursprung der „Göttergabe Käse" heißt es in der griechischen Überlieferung, Aristaios, Sohn des Apollon und der Kyrene, habe sich in Gestalt eines Schäfers aus dem Olymp auf die Erde begeben, um den Menschen die Käsebereitung zu zeigen und die kyrenischen Nymphen seien dabei seine Assistentinnen gewesen. Milch dürfte schon zur Jungsteinzeit, vor etwa 10 000 Jahren, zur menschlichen Nahrung gehört haben. Die wohl älteste bildliche Darstellung ist 4500 Jahre alt, sie stammt aus dem mesopotanischen Sumer und zeigt das Melken von Kühen, das Durchseihen der Milch und die Butterbereitung. Von Käse ist auf diesem berühmten Fries noch nichts zu sehen.

Käse wird erst 500 Jahre später auf einer Keilschrifttafel erwähnt, die ebenfalls aus Sumer stammt. Ein sumerischer Landwirt vermerkte darauf Viehbestand und Erträge seines Betriebes während mehrerer Jahre. So kann, wer Keilschrift versteht, noch heute nachlesen, dass unser Gewährsmann „im 41. Jahr des Königs Sulgi" 30 Kilogramm Käse erzeugte, acht Jahre später dagegen schon 67,5 Kilogramm. 14 Kühe nannte er sein eigen. Seit Archäologen Methoden erfunden haben, uralte Topfscherben daraufhin zu untersuchen, was sich einst in dem Gefäß befunden haben könnte, wissen wir auch, dass es im Ägypten der Zeit vor 5000 Jahren Käse gegeben haben dürfte. Es könnte sich dabei um Ziegen- oder Schafkäse gehandelt haben. Beide kommen auch in der Bibel vor. So bricht es aus dem an seinem Gott zweifelnden Ijob (Hiob) heraus: „Hast du mich nicht wie Milch hingegossen und wie Käse gerinnen lassen?" Und so können wir nachlesen, wie David, der Sohn Isais, dem Hauptmann seiner Brüder zehn frische Käse zum Geschenk bringt (und bei dieser Gelegenheit den Riesen Goliath tötet). Körbchen aus Binsen-, Ginster- und Weidengeflecht verwendeten die Griechen als Formen für ihren Frischkäse. Er gehörte zur täglichen Nahrung, wovon Homer in seiner „Odyssee" Zeugnis ablegt. Größter Käseproduzent in diesem literarischen Dokument war der Riese Polyphem, der Odysseus und seine Gefährten in einer finsteren Höhle gefangen hielt. So heißt es bei Homer: „Aber die

I David ad fratres suos in castra, eis hos panes et caseos dato, ac vide si recte agant. 1. Re. 17.

In der Bibel wird Käse mehrfach erwähnt. So schickte Isai seinen Sohn David mit zehn frischen Käselaiben und Brot ins Lager König Sauls, wie auf diesem Stich aus dem Jahre 1541 dargestellt.

Hälfte der weißen Milch ließ er gleich gerinnen, schnitt sie dann und füllte sie ein in geflochtene Körbchen, während hinwieder in Töpfe die andere Hälfte er stellte, dass er sie nehme und trinke und dass er sie habe zum Nachtmahl". Die Schafe, von denen diese Milch stammte, verhalfen Odysseus schließlich zur Rettung. Nachdem er und seine Mitreisenden den einäugigen Riesen geblendet hatten, klammerten sie sich an die Unterseite der aus der Höhle strebenden Riesenschafe fest und entkamen, ohne dass Polyphem es bemerkte.

Die Römer kannten zur Kaiserzeit ein gutes Dutzend Käsesorten und sie hatten es auch schon gelernt, den Käse durch Auspressen der Molke, durch Salzen und Räuchern haltbarer zu machen. Römische Feinschmecker begnügten sich aber nicht mit den einheimischen Sorten, sie schwärmten für bithynischen Käse aus Kleinasien, für gallischen „Caseus nemausensis" (den Vorläufer des Roquefort) und für germanische Käsesorten. Außerdem hinterließen sie uns die Bezeichnung „Käse" (von caseus), den Franzosen und Italienern die Bezeichnungen „fromage" und „formaggio" (vom spätlateinischen „formaticus", dem Namen für klein geformte Käse). Und in späteren Jahren delektierten sie sich auch schon an Schweizer Käse – es heißt, Kaiser Antoninus Pius habe sich an Bergkäse aus Helvetien zu Tode gegessen.

Was wir über die Käsetechnik der Römer wissen, ist vor allem in einem Werk nachzulesen, das der praktische Landwirt und Fachschriftsteller Lucius Iunius Moderatus Columella um das Jahr 62 n. Chr. verfasste. Columella, in Cádiz in Spanien geboren, hinterließ zwölf Bücher mit dem Reihentitel „De re rustica", denen man noch heute die Begeisterung des Verfassers für die Natur und seine Sorgfalt in der Beschreibung der landwirtschaftlichen Arbeit anmerkt. Was den Käse betrifft, so geht aus „De re rustica" hervor, dass die Römer harten Käse in Laiben mit einem Gewicht bis zu 40 Kilogramm herstellten, dass sie auch Sauermilchkäse und Kochkäse bereiteten und an Käse aus Esel- und Pferdemilch Geschmack fanden, darunter der besonders beliebte „Caseus phrygius". In Privathäusern gab es besondere Käseküchen, in größeren Städten wie Rom auch gewerbliche Unternehmen, die Käse räucherten. Das Labferment wurde aus Hasen- oder Ziegenmagen gewonnen, aber auch aus dem Saft von Feigenzweigen. So wurde der Anfang einer großen Sortenvielfalt geschaffen.

Aus der Zeit des Columella stammen die ersten Rezepte für die Verwendung von Käse in der Küche. Sie erschienen unter dem Namen des Marcus Gavius Apicius in der aus zehn Bänden bestehenden Sammlung „De re coquinaria". Vermutlich war Apicius nicht der Verfasser, obwohl der römische Feinschmecker nicht nur für seine ausschweifenden Gastereien berühmt war, sondern auch neue Gerichte erfand, die an eigens eingerichteten Schulen gelehrt wurden. Bei Apicius findet sich sogar schon eine Art Käsefondue. Der Römer steckte große Teile seines Vermögens in seine kulinarischen Hobbys. Als nur noch ein „Rest" von umgerechnet etwa einer Million Mark übrig war, machte Apicius seinem Leben durch Gift ein Ende, weil er fürchtete, nun bald verhungern zu müssen.

Dass Käse zur Nahrung der Urgermanen gehörte, hat Caesar in seinem „Bellum Gallicum" überliefert. In Aachen erließ Kaiser Karl der Große 812 die erste Butter- und Käseverordnung. Weil ihm der Käse so gut mundete, den ihm einer seiner Bischöfe bei einem überraschenden Besuch vorsetzte, erlegte er dem Kirchenfürsten einen jährlichen Zins von zwei Fuhren des betreffenden Käses auf. Übrigens gab es damals schon Normgrößen für Hartkäse, und zwar einfach deshalb, weil Käse ein Zahlungsmittel bei der Erfüllung von Ablieferungsverpflichtungen an die Herrschaft war und die Bauern immer wieder versucht hatten, kleinere Käse unter die Lieferung zu schmuggeln. Von den Römern lernten die auf Sauermilchkäse spezialisierten Germanen die Kunst, Labkäse zu bereiten. Sie gaben dem römischen „coagulum", dem Gerinnungsstoff, den germanischen Namen

Wo man Käse schätzt, widmet man sich ihn mit viel Liebe. Davon zeugen zahlreiche Käseläden, in denen man regionale Spezialitäten kaufen kann.

„Lab" in Anlehnung an die Bezeichnung für gewisse Heil- und Zauberkräuter, nannten die geheimnisvolle Käsezutat aber manchmal auch Quagel (von „coagulum") oder Rinsel (von gerinnen). Etwa um die gleiche Zeit kamen mancherlei Zutaten in Mode – Kräuter und Pinienkerne, Haselnüsse und Pfeffer machten den Käse schmackhafter.

Um das Jahr 1000 wird der schweizerische Schabziger-Käse erstmals erwähnt, nicht viel später (1070) der französische Roquefort. Im 12. Jahrhundert sind Gruyère und Cheshire bekannt, erste Nachrichten über Parmesan, Gorgonzola, Sbrinz, Taleggio und Pecorino stammen aus dem 13. Jahrhundert und auch der Emmentaler wird schon beim Namen genannt. Viele dieser Käsesorten dürften freilich viel älter sein und schon auf die Zeiten der käseliebenden Römer zurückgehen.

Um 1225 ließ der Deutschritterorden auf pommerschen Meiereihöfen Butter und Käse herstellen. Um 1500 war die Käsebereitung in Deutschland wie in Westeuropa weit verbreitet, vor allem dank der Klöster, die Käse als Fastenspeise kultivierten und neue Sorten erfanden. Um die Mitte des 16. Jahrhunderts schrieb der kräuterkundige Lonicerus nieder, was er vom Käse hielt: „Ein guter Käss aber soll bei sechserley Gestalt erkannt werden. Nehmlich, dass er nicht viel Augen (= Löcher) habe, nicht sey zu hart gesaltzen, nicht haaricht, nicht zu alt, nicht zu hart am Schnitt, nicht stinckend. Arbeits-Leuten, und sonderlich die da jung seyn, schadet er am wenigsten, ist solchen gut für den Hunger. Daher sagt man: Caseus et panis, sunt medicina sanis (Käse und Brot sind gesund). Es schadet aber der Käss denen am wenigsten, welche sich von Jugend auf daran gewöhnet haben, und den ohne das gern essen".

Bis in die zweite Hälfte des vorigen Jahrhunderts blieb die Käseherstellung weit gehend auf den Ort der Milchgewinnung, den Bauernhof, beschränkt. Die Erzeugnisse von Hof-, Haus- und Bauernkäsereien dienten zunächst überwiegend dem Eigenverbrauch und zur Abgabe an den Grundherrn. Erst die Zunahme der Stadtbevölkerung ließ Molkereien und Käsereien entstehen. Die Käserei wurde zu einem wichtigen Gewerbe, der Käse entwickelte sich zu einer bedeutenden Handelsware, wobei jedes Käseland eifersüchtig darüber wachte, dass die eigenen Herstellungsgeheimnisse nicht ausgeplaudert wurden.

Den Sprung in die Wissenschaft vom Käse lösten im 19. Jahrhundert zwei Männer aus, die sich eingehender mit dem bis dahin nur erfahrungsgemäß hergestellten Produkt befassten. Der eine war Justus von Liebig, der 1836 bemüht war, die Käsegärung zu erforschen, der andere Louis Pasteur, dessen Erkenntnissen auf dem Gebiet der Gärungschemie es zu verdanken ist, dass die zur Käsebereitung vorgesehene Milch noch heute vor der Verarbeitung kurzzeitig erhitzt wird, um schädliche Bakterien abzutöten. Die von Pasteurs Mitarbeiter Ilja Metchnikow verfeinerte Methode des Pasteurisierens setzte sich bald, bis auf auf alle Käsesorten aus Rohmilch wie beispielsweise Emmentaler, Gruyère und Parmesan, überall durch.

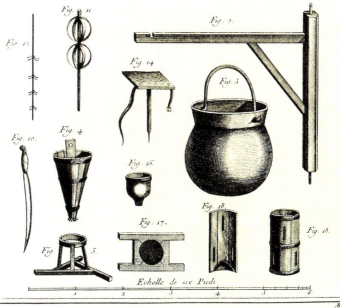

Käseherstellung. Aus der berühmten Enzyklopädie von Diderot und d'Alembert, die in den Jahren 1762-1777 entstand.

Die Herstellung von Käse

In großen Kupferkesseln, mit einem Fassungsvermögen von 1000 Litern wird die Milch für Emmentaler dickgelegt. Der Käser prüft den Zustand der Gallerte, bevor er diese mit einer Käseharfe zerschneidet und so den Bruch erhält.

Käse ist ein „aus Kuh-, Schaf- oder Ziegenmilch hergestelltes, durch Zusatz von Milchsäurebakterien und/oder Labferment von der Molke abgeschiedenes, unter Einwirkung von Pilz- und Bakterienkulturen gereiftes Milchprodukt" (Meyers Enzyklopädisches Lexikon). Einfacher erklärt die deutsche Käseverordnung das Käseprinzip: „Käse sind frische oder in verschiedenen Graden der Reife befindliche Erzeugnisse, die aus dickgelegter Käsereimilch hergestellt sind." Käse ist also ein Milchkonzentrat. Es kann nur entstehen, wenn das Milcheiweiß zum Gerinnen gebracht wird. Der Fachmann bezeichnet diesen Vorgang als „Dicklegen".

Dafür gibt es zwei Möglichkeiten, die zugleich eine Einteilung der Käse in zwei große Gruppen erlauben: Einmal kann man die Milch mit Hilfe von **Milchsäurebakterien** dicklegen. Dabei entsteht Sauermilchkäse, etwa Harzer oder Mainzer. Zum anderen gerinnt die Milch, wenn man ihr **Labferment**, meist aus Kälbermagen gewonnen, zusetzt. Die Gruppe der Lab- oder Süßmilchkäse umfasst alle Käse vom Hart- über den Schnitt- bis zum Weichkäse. Eine weitere Gruppe bilden alle Frischkäse wie Speisequark oder Schichtkäse. In diesem Fall wird die Milch sowohl mit Milchsäurebakterien als auch mit Lab dickgelegt. Beide Gerinnungsarten vertragen sich miteinander. Das Ausgangsprodukt, die dickgelegte Milch, nennt man bei Sauermilch und Frischkäse Quark, beim Labkäse dagegen Bruch. Erst in jüngster Zeit wurde durch die deutsche Käseverordnung eine neue Käsegruppe rechtsgültig festgelegt. Es handelt sich um die Pasta Filata Käse, deren Bruchmasse nach dem Säuern mit heißer Flüssigkeit, sei es Wasser, Salzwasser oder Molke, gebrüht, dann geknetet und zu Strängen ausgezogen wird. Beispiele: Mozzarella und Provolone.

Am Beispiel eines Hartkäses seien die einzelnen Arbeitsgänge der Käseherstellung erläutert: Zunächst einmal muss die Käsereimilch auf den vorgesehenen Fettgehalt eingestellt werden. Das geschieht entweder durch Entrahmung oder durch den Zusatz von Sahne. Soll der Käse nicht aus Rohmilch sein, wird die Milch kurzzeitig erhitzt, pasteurisiert, und bei 30 Grad Celsius mit einem **Labauszug** vermischt. Nach etwa einer halben Stunde hat sich die flüssige Milch in eine puddingähnliche **Gallerte** verwandelt. Schon bei diesem ersten Arbeitsgang lässt sich durch mehr oder weniger starkes Laben oder durch eine Veränderung der Temperatur der Gehalt an Trockenmasse und damit die Härte des fertigen Käses beeinflussen. Aus der Gallerte entsteht durch Zerkleinern, im klassischen Fall mit einer Käseharfe, der **Bruch**. Größe und Festigkeit des Bruchs richten sich nach der jeweiligen Käsesorte. Der Käser behilft sich mit Vergleichsgrößen: Taubenei (Romadur), Walnuss (Limburger), Hagelkorn (Edamer), Erbse (Tilsiter) oder Hanfkorn (Emmentaler) sind nur einige Beispiele. Bei Brie und Camembert wird der Bruch nicht

Für Hartkäse wird zunächst die (Roh)-Milch auf 30 bis 32°C erwärmt. Dann fügt der Käsermeister das Lab und die Milchsäurebakterien in definierten Mengen hinzu. Nach 30 Minuten im Ruhezustand ist die Milch geronnen.

Die Gallerte, die dickgelegte Milch, wird mit einer Käseharfe in möglichst gleichmäßige Stücke zerschnitten. Dadurch trennt sich der wäßrige Teil, die Molke, von der Käsemasse ab. Je kleiner der Bruch, desto härter der spätere Käse.

Um möglichst viel Molke abzuscheiden wird der Bruch „gebrannt", auf über 50 °C unter Rühren erwärmt. Erst dann wird der Bruch mit Hilfe von großen Tüchern aus der Molke gehoben. Dieses Verfahren hat sich seit Generationen bewährt.

Spezielle Vorrichtungen mit Flaschenzügen, sorgen dafür, dass von dem Käsebruch in dem Tuch weitere Molke abtropfen kann. Die Masse wird dann über eine Ringform gelenkt, die in der Fachsprache »Järb« genannt wird.

In diesem Järb wird der Bruch mit seinen Tuch gebettet und in handwerklichen Betrieben, wo noch alles manuell gemacht wird, mit den Händen hineingepresst. Ein großer Emmentaler-Laib beschäftigt dabei locker zwei Personen.

Der geformte Käsebruch verliert beim Pressen weitere Molke. Gleichzeitig festigt sich die Gestalt des noch jungen Käselaibes. Das Pressen dauert rund 20 Stunden. Im Laufe des Tages wird der Käse dabei mehrmals gewendet.

zerkleinert. Für dieses Zerkleinern des Bruchs, „Vorkäsen" genannt, gilt die Regel: je kleiner der Bruch, desto fester der Käse. Nach dem Vorkäsen wird der Bruch mit dem „Brecher" gerührt und zugleich erwärmt, je nach Käsesorte und Herstellungstechnik auf 35 bis 60 Grad Celsius. Bei diesem **Brennen** oder Nachwärmen schrumpfen die Bruchkörner. Trockener („röscher") Bruch ist die Voraussetzung für festeren Käse mit erhöhter Trockenmasse. Die bei diesen Prozeduren sich abscheidende **Molke** wird abgeleitet. Beim Hartkäse wird der Bruch mit Hilfe eines Tuchs aus der Molke gehoben und in große, runde **Formen** gepresst. Bei anderen Käsesorten sind diese unterschiedlich in Größe und Gestalt (quadratisch, rechteckig, zylindrisch usw.) sowie in Materialbeschaffenheit (Holz, Weidengeflecht, Edelstahl, Kunststoff usw.). In der Form „wächst" die Bruchmasse rasch zum jungen Käse zusammen. Je nach Käsesorte wird der Masse dabei durch mehr oder weniger häufiges Wenden und Pressen weitere Molke entzogen. Schon zu diesem Zeitpunkt wird die Art der Lochbildung bestimmt: Rundlochung oder unregelmäßige

Schlitzlochung. Bei rundgelochtem Käse wird der Bruch ohne Lufteinschluss bereits in der Käsewanne einer **Pressung** unterzogen. Schlitzlochung wird erreicht, wenn die Bruchkörner einzeln und mit Lufteinschluss in die Formen rieseln. Die Lochbildung selbst entsteht durch Bakterientätigkeit – vergleichbar mit einem gärenden Hefeteig. Das sich bildende Gas der Kohlensäure (Kohlendioxid) hat das Bestreben, sich auszudehnen, und bestimmt damit die Anzahl und Größe der Löcher im Käse. Für die Hartkäseherstellung sind dabei Bakterien zuständig, die aus der Milch selbst stammen (Säuerungskulturen). Außerdem gibt es unterschiedliche Reifungskulturen (Schimmelkulturen), die während des Bearbeitungsprozesses mit dem Käse in Kontakt gebracht werden, etwa bei der Herstellung von Camembert, Brie, Limburger oder Tilsiter.

Die nächste Station im Dasein des werdenden Käses ist das **Salzen**. Es dient nicht nur der besseren Haltbarkeit, sondern bestimmt auch den Geschmack des Endprodukts. Das richtige Salzen (von Hand oder im Salzbad) und die genaue Dosierung verlangen Fachwissen und Erfahrung. Nach

Nach dem Abheben der Ringform und Ausschlagen aus dem Tuch wartet der junge Käselaib nur kurz darauf, von überstehender Bruchmasse befreit zu werden. Der Käse benutzt dazu einfach ein scharfes Messer.

Ausgekühlte Käselaibe gelangen anschließend in das Salzbad, je nach Sorte 1 bis 20 Tage. In dieser Zeit gibt der Käse über die Oberfläche Flüssigkeit ab und nimmt gleichzeitig Salz auf. So kommt es zur Rindenbildung.

Um zu reifen brauchen die Käselaibe viel Zeit. Sie werden in speziellen Reifekammern so auf Regale gelegt, dass sie ausreichend Luft zum Atmen haben. Regelmäßiges Wenden gewährleistet eine gleichmäßige Ausformung.

Regelmäßige Pflege ist notwendig, um die Rindenbildung optimal zu führen. Emmentaler und Sbrinz werden regelmäßig trocken abgerieben, der Gruyère mit Bürste und Salzwasser „geschmiert", damit die Rinde feucht bleibt.

für den menschlichen Organismus leichter verdaulich. Dabei bilden sich auch die je nach Käsesorte unterschiedlichen Aromastoffe. Der restliche Milchzucker wird zu Milchsäure abgebaut, die dann ihrerseits wieder in andere Stoffe umgesetzt wird. Auch das im Käse enthaltene Fett ist während der Reifung einer Umwandlung unterworfen. Der Reifeprozess erfordert von den Käsefachleuten tägliche Aufmerksamkeit. Die sich bei Hartkäse bildende Rinde wird durch Abreiben oder Bürsten gepflegt und die Laibe immer wieder gewendet.

dem Salzen kommt der Käse in den Reiferaum, wo er in Tagen, Wochen oder Monaten heranreift. Während Hartkäse gleichmäßig im ganzen Teig reift, vollzieht sich der **Reifungsprozess** bei Weichkäsen (z. B. Brie) von außen nach innen. Einige Käse, wie der Emmentaler, kommen vor dem Reifeprozess in einen warm temperierten Keller, um die Lochbildung einzuleiten. Bei der Reife erhält der zunächst noch körnige Käse durch die Tätigkeit von Bakterien, Hefen und Schimmelpilzen seine speckig-plastische Struktur. Enzyme schließen die Eiweißstoffe auf und machen sie

Mit Ausnahme von Alm-Sennereien und einigen wenigen kleinen und mittleren Käsereien, in denen noch „von Hand" gearbeitet wird, entsteht der Käse heute durchweg in automatisierten Großbetrieben. Die einst von Hand vorgenommene Bruchbearbeitung (mit Käseharfen, -messern und -säbeln) geschieht in programmgesteuerten Produktionsanlagen. Die üblichen Käsewannen und -fertiger fassen bis zu 15 000 Liter, sind überwiegend aus Edelstahl (in Emmentaler-Käsereien noch vielfach aus Kupfer) und zum Temperieren des Inhalts doppelwandig. Zur

Ein Käsefachmann prüft die sensorischen Eigenschaften sowie die Lochung und die Konsistenz vom Käse, bevor er in den Verkauf kommt. Dazu sticht er mit einem Käsebohrer in den Laib und zieht eine Probe heraus.

Bruchbehandlung werden auswechselbare Schneide- und Rührwerkzeuge eingesetzt. Statt der früher üblichen Käseformen aus Holz verwendet man heute Formen aus perforiertem Kunststoff oder speziellen Siebblechen. Die einstigen Hebelpressen wurden durch Hydraulikpressen in Tischform oder Tunnelpressen abgelöst. Gesalzen wird seit einiger Zeit fast nur noch in Salzbädern. Sie sind in der Hart- und Schnittkäserei meist als Tiefbäder im Boden versenkt ausgeführt und die Käse werden in Hordenstapeln in das Bad getaucht. Moderne Reifungsanlagen verfügen über vollautomatische Klimaanlagen zur Regelung von Temperatur, Feuchtigkeit und Luftumwälzung sowie über zahlreiche Anlagen zum Transport, dem Sortieren und Kennzeichnen der Käse. Auch das Paraffinieren, Wachsen oder Beschichten mit Kunststoff bis hin zum verkaufsfertigen Verpacken der Käse ist Maschinenarbeit geworden.

Es gibt aber auch noch viele kleine Betriebe, die sich auf die Traditionen besinnen. Sie stellen mit Liebe und Hingabe, Käse auf handwerkliche Art her, auch aus Schaf- und Ziegenmilch.

Vom Umgang mit Käse

Ein Käseträger der kleinen Stadt Gruyères präsentiert sich in der traditionellen Tracht mit dem „Oiseau" genannten Holzgestell auf Schultern und Kopf. So wurden früher die auf der Alpe hergestellten Käseräder ins Tal getragen.

Käse ist ein lebendes Produkt – daran sollte man stets denken, wenn es um die Behandlung und Lagerung von Käse geht. Grundsätzlich gilt, dass sich ein noch nicht aufgeschnittenes Stück Käse besser aufbewahren lässt als geschnittene Scheiben. Wer außerdem noch Besitzer eines kühlen, nicht feuchten und zudem zugfreien Kellers ist, braucht sich keine Sorgen zu machen. Sofern er den Käse auf ein Lattenrost legt (und nicht etwa auf den Fußboden), damit frische Luft an den Käse gelangt, hat er eigentlich schon alles Mögliche getan. Er könnte den Käse höchstens noch in ein Tuch einschlagen, das er vorher mit Wein befeuchtet hat. Auch eine Speisekammer mit ähnlichen Klimaverhältnissen wie der Keller ist ein guter Aufbewahrungsort für Käse. In vielen Haushalten gibt es allerdings weder das eine noch das andere. Dafür hat jeder einen Kühlschrank. Er kommt für die Käseaufbewahrung aber nur sehr begrenzt in Frage, weil der Käse darin nicht atmen kann. Bewahren Sie alle festen Käsearten besser kurzfristig unter einer Käseglocke auf. Und kaufen Sie nicht mehr Käse ein, als Sie in den nächsten zwei bis drei Tagen essen wollen. Dann haben Sie immer „frischen" Käse im richtigen Reifezustand. Weichere Käsearten und Frischkäse, beides verpackt, nehmen den Luftabschluss im Kühlschrank nicht übel, wenn die Lagerdauer zwei bis drei Tage nicht übersteigt.

Gekühlten Käse sollten Sie in jedem Fall einige Zeit vor dem Genuss aus dem Kühlschrank nehmen, damit er sich an die Zimmertemperatur gewöhnen kann. Dann erst kann er seinen vollen Geschmack entfalten. Und denken sie daran, dass man Käse, gleich welcher Art, nicht tiefgefrieren sollte – nur ganz wenige Sorten „überleben" die tiefen Temperaturen.

Wann man welchen Käse essen sollte, ist natürlich Geschmackssache. Aber es gibt ein paar Grundregeln. Zum Frühstück wird man einen milden Käse bevorzugen – morgens sind Zunge und Gaumen besonders empfindlich, ein pikanter oder sogar scharfer Geschmack wird doppelt so stark empfunden. Es könnte sich also um einen leichten Speisequark oder um einen Doppelrahm-Frischkäse handeln, auch um eine Scheibe Edamer oder Butterkäse. Zum kräftigen Kaffee oder Tee passt auch eine Scheibe Emmentaler oder ein Stückchen durchgereifter Brie. Wer eine kräftige Käsestulle „für zwischendurch" liebt, wird auf etwas herzhaftere Käse zurückgreifen. Zum Mittagessen kommen warme Käsegerichte oder mit Käse überbackene Speisen in Frage. In Frankreich, Italien und auch bei uns liebt man es, zum Nachtisch Käse zu reichen.

Was trinkt man zum Käse? Bier schmeckt fast immer, vor allem zu den pikanteren Käsesorten. Die Weinauswahl ist schon schwieriger. Im Allgemeinen passt zu einem milden Käse ein leichter, trockener Weißwein am besten. Zu herzhaften Käsesorten käme dann kräftiger Rotwein in Frage. Wenn man sich für einen Wein entscheidet, der in der gleichen Gegend gewachsen ist, aus der auch der Käse stammt, liegt man fast immer richtig. Scharfe Käse (z. B. Roquefort, Stilton) lassen sich mit Trollinger, spanischem Rioja, Burgunder oder Bordeaux gut kombinieren. Abgelagerte Hartkäse (z. B. Emmentaler, Parmesan, Gouda) vertragen „große" Weißweine vom Kaiserstuhl, aus der Pfalz oder aus Österreich, aber auch bukettreiche Rotweine aus Südafrika. Würzige Käse von der Art des Limburger, Bavaria blu oder Gorgonzola harmonieren vorzüglich mit Rieslingweinen aus dem Rheingau oder aus Württemberg und mit leichteren Rotweinen. Aromatische Käse von der Art des Camembert, Cheddar oder Gruyère sind ideale Partner vollmundiger Weißweine (Scheurebe, Morio-Muskat, Ruländer) und Spätburgunder. Milde, noch in der Reife stehende Käse schließlich, etwa Butterkäse, Edamer, Brie und Fontina, sollten Sie zu spritzigen, nicht zu säurearmen, möglichst trockenen Weißweinen, zu Rosé aus Frankreich oder Portugal oder zu jungem Beaujolais reichen.

Käse zu transportieren ist Knochenarbeit, die früher von professionellen Käseträgern durchgeführt wurde. Die Tradition der Käsemärkt lebt jeden Sommer in drei niederländischen Städten wieder auf.

Das Nahrungsmittel Käse

Käse enthält keine unverdaulichen Bestandteile und ist damit praktisch vollständig verdaulich. Zudem bedeutet die mikrobielle Reifung der meisten Käse – mit Ausnahme aller Frischkäse – schon eine gewisse Vorverdauung.

Käse besteht im Wesentlichen aus Eiweiß, Fett und Wasser. Dazu kommen in kleinen Mengen die für den Knochenaufbau wichtigen Mineralstoffe Calcium und Phosphor, viele Vitamine und der Milchzucker.

Das **Eiweiß** der Milch besteht zu 80 Prozent aus Kasein und 20 Prozent aus Molkeprotein und wird während der Käsereifung durch die Labenzyme vorverdaut. Sein Gehalt beträgt je nach Käseart und -typ 10 bis 30 Prozent, ist also höher als bei Ei und Fleisch. Das je nach Fettgehaltsstufe in mehr oder weniger großen Mengen im Käse enthaltene **Fett** ist nicht nur Energielieferant, sondern auch Träger der fettlöslichen Vitamine A, D, E und K, zahlreicher Aromastoffe sowie der essenziellen Fettsäuren Linol- und Linolensäure. Das Milchfett ist dank seiner feinen Verteilung sehr gut verdaulich und sogar in der Lage, die Darmwand ohne vorherige Aufspaltung zu passieren. Das enthaltene **Wasser** bestimmt neben dem Fett die Konsistenz des Käses, also die Geschmeidigkeit des Käseteigs. Es dient zudem als Lösungsmittel und ist als Molke Träger von Milchzucker, Mineralstoffen und der wasserlöslichen Vitamine B2, B12 und Panthothensäure.

Um für Transparenz auf dem deutschen Käsemarkt zu sorgen, gibt es bestimmte Einteilungskriterien. Da ein Käse während seiner Lagerung durch das Verdunsten von Wasser an Gewicht verliert, war man bestrebt, eine Bezugsgröße zu finden, an der man die in einem Käse enthaltenen Menge an Fett definieren kann. Alle Angaben beziehen sich daher auf die **Trockenmasse**. Sie umfasst alle Bestandteile des Käses ohne Wasser. Der Gehalt an Trockenmasse eines Käses bleibt immer gleich, egal wie alt der Käse ist.

Die Angabe **Fett i. Tr.** (Fettgehalt in der Trockenmasse) steht auf jeder Käseverpackung.

Einteilung von Käse nach dem Fettgehalt in der Trockenmasse

Fettgehaltsstufe	Fettgehalt der Trockenmasse	Fettgehaltsstufe	Fettgehalt der Trockenmasse
Doppelrahmstufe	60 bis 87 %	Dreiviertelfettstufe	mindestens 30 %
Rahmstufe	mindestens 50 %	Halbfettstufe	mindestens 20 %
Vollfettstufe	mindestens 45 %	Viertelfettstufe	mindestens 10 %
Fettstufe	mindestens 40 %	Magerstufe	weniger als 10 %

Aber Achtung! Dies ist die Angabe über den relativen Fettgehalt, eben um verschiedene Käsearten miteinander vergleichen zu können. Der absolute Fettgehalt steht dagegen nicht auf der Verpackung, man muss ihn erst errechnen, denn der zu kaufende Käse liegt ja im Verkaufsregal mitsamt seines Wassergehaltes. Und beim Umrechnen stellt man schnell fest, dass der absolute Gehalt an Fett viel niedriger ist. Als annähernd stimmige Richtgröße kann man sich folgende Umrechnungsfaktoren merken, um den tatsächlichen Fettgehalt seines Lieblingskäses schnell und und überschlagsmäßig zu kommen. Für den **absoluten Fettgehalt** soll man die Angabe über Fett i. Tr. multiplizieren
mit 0,7 bei Hartkäse,
mit 0,6 bei Schnittkäse,
mit 0,5 bei Weichkäse und
mit 0,3 bei Frischkäse.
Nach der deutschen Gesetzgebung müssen die Standardsorten an Käse bestimmte Gehalte an Fett aufweisen, wie aus der Tabelle zu ersehen ist.

Der **Brennwert** von Käse, also der Energiegehalt, wird in Kalorien (oder Joule) ausgedrückt. Er beruht sowohl auf dem Fett als auch auf dem Eiweißgehalt. Besonders kalorienarm sind zum Beispiel Magerquark und Sauermilchkäse, besonders kalorienreich dagegen Doppelrahm Frischkäse und manche Edelpilzkäse.

Sich für mehr oder weniger „fetten" Käse zu entscheiden, ist freilich nicht nur eine Frage der schlanken Linie, sondern auch eine des Geschmacks. Fetthaltigere Käse schmecken im Allgemeinen aromatischer, weil bestimmte Aromastoffe an das umgewandelte Milchfett gebunden sind.

Vielseitig sind die Verwendungsmöglichkeiten von Käse als Würze zum Beispiel als Reibkäse oder als Speisenzutat. In allen Fällen wird durch Käse nicht nur eine Geschmacksverbesserung erzielt, sondern auch der Eiweißgehalt der Speisen erhöht und ein wesentlicher Beitrag zur Calciumversorgung gewährleistet. Dank Fett und Eiweiß hat der Käse einen relativ hohen Sättigungseffekt und lässt nicht so schnell wieder ein Hungergefühl aufkommen. Das Sprichwort sagt nicht zu Unrecht: „Käse schließt den Magen".

Stilton, ein Blauschimmelkäse von Weltruhm, ist der Stolz der Engländer. Penicillium roqueforti sorgt für zarte, blaue Adern, die sich im Querschnitt des Käses strahlenförmig von der Mitte her ausbreiten.

Die Einteilung der Käse in **Käsegruppen** beruht auf deren Konsistenz. Die Bezugsgröße ist der **Wassergehalt**. Er gibt an, wieviel Wasser in der fettfreien Käsemasse (Wff) enthalten ist. Je mehr Wasser ein Käse enthält, um so niedriger ist der Gehalt an Trockenmasse und umgekehrt. Daraus ergeben sich für alle Standardsorten definierte Käsegruppen. Darüber hinaus gibt es auch so genannte freie Sorten, bei denen der Gesetzgeber nicht in allen Punkten genau vorschreibt, wie ihre Zusammensetzung und Herstellungsweise zu sein hat. Freie Sorten können zum Beispiel in der Art der verwendeten Milch oder der Beigabe von Gewürzen variieren.

Hartkäse haben mit mindestens 60 Prozent den höchsten Gehalt an Trockenmasse. Sie müssen mindestens 3 Monate reifen. Je länger ein Hartkäse lagert, desto intensiver wird sein Geschmack und desto höher ist seine Haltbarkeit. Alle Käse dieser Gruppe haben eine feste Rinde. Bekannte Hartkäse sind zum Beispiel Emmentaler, Bergkäse, Gruyère, Cheddar und Parmesan.

Feste Schnittkäse sind weicher und saftiger als Hartkäse, lassen sich aber gut schneiden. Es gibt die Untergruppen Schnittkäse ohne Schmiere (Gouda, Edamer) und mit Schmiere (Tilsiter). Sie müssen mindestens 5 Wochen reifen, können jedoch auch mehr als sechs Monate reifen. So gibt es etwa jungen, mittelalten und alten Gouda.

Halbfester Schnittkäse ist eine nur in Deutschland übliche Bezeichnung und umfasst alle Käsesorten, die hinsichtlich ihres Gehaltes an Trockenmasse zwischen den festen Schnittkäsen und den Weichkäsen liegen. Dazu gehören Käse wie der Butterkäse und der Weißlacker, aber auch Edelpilzkäse wie etwa der Roquefort, der Gorgonzola und der Stilton.

Weichkäse reifen mindestens vier Wochen und zwar von außen nach innen. Beim Kauf sollten Käse dieser Gruppe noch einen Kern bröckeliger weißer Käsemasse aufweisen. Man lässt sie am besten im Keller oder in der Speisekammer nachreifen, bis sie den gewünschten Reifegrad erreicht haben. Zu unterscheiden sind Weichkäse mit Schimmel (Camembert, Brie) und solche mit Schmiere (Limburger). Vor allem Frankreich wartet mit einem großen Sortiment an Weichkäse auf, sehr zur Freude vieler Gourmts.

Sauermilchkäse werden aus sehr trockenem Magerquark bereitet und sind besonders kalorienarm, da sie weniger als 10 Prozent Fett i.Tr. enthalten. Typisch sind ihre kleinen, flachen Käselaibe. Je nach Reifeverfahren gibt es sie mit Rotschmiere, als Gelbkäse oder als Edelschimmelkäse. Ihre Reifezeit beträgt etwa vier Wochen. Bekannte Sorten sind Mainzer, Harzer und Olmützer Quargl.

Frischkäse sind nur ungereifter Käse, bei denen die Milch zwar durch Säure- und /oder Labgerinnung eingedickt wird, dann aber die Bruchmasse von der Molke abgetrennt und ausgeformt wird. Sie sind „zum alsbaldigen Verzehr" bestimmt und sollten bis zum Verbrauch immer kühl gelagert werden. Frischkäse gibt es in allen Fettgehaltsstufen. Dazu zählen neben Speisequark und Schichtkäse auch der Rahm- und Doppelrahm-Frischkäse sowie der Cottage Cheese, einer der beliebtesten US-amerikanischen Käse.

Pasta Filata Käse werden erst seit Juni 1999 in der deutschen Käseverordnung offiziell aufgeführt. In Italien kennt man die Käseart jedoch schon lange. Ihre Bruchmasse wird nach dem Säuern mit heißer Flüssigkeit, entweder Wasser, Salzwasser oder Molke, gebrüht, dann geknetet und zu Strängen oder Bändern ausgezogen. Beispiele sind Provolone, schnittfester Mozzarella und Mozzarella in Salzlake.

Schmelzkäse ist kein Naturkäse. Für seine Herstellung wird Käse entrindet, gemahlen und mit Schmelzsalzen erhitzt, bis er schmilzt und cremig oder schnittfest wird. Die Salze verhindern, dass sich die Käsemasse und das Käsewasser beim Erhitzen voneinander trennen.

HARTKÄSE

Seinen wohlklingenden Namen hat der **Emmentaler** vom ursprünglichen Herkunftsgebiet, dem Tal der Emme im Schweizer Kanton Bern. Einst war er ein reiner Bergkäse, ein mehr oder weniger naher Verwandter des Gruyères, der während der Sommermonate im Handbetrieb in einfachen Alphütten hergestellt wurde. Seine Vorläufer dürfte es schon zur Römerzeit gegeben haben. Bis ins 16. Jahrhundert hatten die Emmentaler mit den bis zu 130 Kilogramm schweren Exemplaren von heute noch nicht viel Ähnlichkeit – sie wogen nur vier bis zwölf Kilogramm. Das begann sich zu ändern, als die Schweizer den Export ankurbelten: auf Alpenstraßen nach Italien, auf dem Rhein bis in die Niederlande. Die Nachfrage stieg immer mehr. Schließlich waren die Alpkäsereien überfordert. Es schien keinen Ausweg zu geben, weil die Fachleute davon überzeugt waren, dass der Emmentaler nur in Bergeshöhen so gut gerate, nicht etwa im Tal. Immerhin – es kam auf einen Versuch an. 1815 entstand die erste Dorfkäserei im Tal (in Kiesen zwischen Bern und Thun) und schnell stellte sich heraus, dass die Käufer keinen Unterschied zwischen dem herkömmlichen Berg- und dem neuen Talkäse bemerkten. Eine der Voraussetzungen für die Mutation des alpinen Stammkäses, dem Gruyère in den unverwechselbaren Emmentaler war die Verbesserung landwirtschaftlicher Produktionsmethoden. Dazu gehörten nicht nur die wissenschaftlich nun besser fundierten Techniken zur Käseherstellung und die Verbesserung der Qualität, dazu gehörte vor allem auch die Förderung der Milchwirtschaft und, damit verbunden, die Ausdehnung der Weideflächen bis weit ins Land hinaus. Hier erst wurden die Milchmengen produziert, die schließlich die Herstellung von 80 Kilogramm schweren Laiben erlaubten, denn für 80 Kilogramm Emmentaler werden rund 1000 Liter Milch benötigt – und das entspricht 80 Kühen, die mit ihren prallen Eutern dahinterstehen. Herden dieser Grössenordnung waren in der Alpkäserei jedoch eher die Ausnahme.

Emmentaler wird stets aus Rohmilch hergestellt. Die gepressten Laibe liegen ein bis zwei Tage in einem Salzbad, das dem Käse Wasser entzieht und die Rindenbildung fördert. Bis hier gleichen sich die Herstellungsverfahren für Gruyère und Emmentaler. Die Weichen für die typische Entwicklung des Emmentalers werden eigentlich

Einlegen der Käselaibe in das Salzbad.

erst im Keller gestellt. Für 10 bis 14 Tage bleibt der Jung-Emmentaler zunächst unbehelligt und unberührt im Kühlkeller. Hier sollen die Milchsäurebakterien, die der Käser der Rohmilch beigefügt hat, zur Ruhe kommen. Für die Entstehung der Löcher sind die Propionsäurebakterien zuständig. Diese Bakterien gedeihen ohne Luft, und sie brauchen Wärme, um sich entfalten zu können. Deshalb wird der Emmentaler vom Kühlkeller für sechs bis acht Wochen in den Heizkeller verbracht, der Temperaturen von bis zu 23 Grad Celsius aufweist. Die Bakterien beginnen nun, die Milchsäuresalze zu vergären, und bilden Propionsäure, Essigsäure und Kohlendioxid. Die beiden Säuren geben dem Emmentaler den typischen, leicht süßlich-nussigen Geschmack, das bei der Gärung freigesetzte CO_2 hingegen sammelt sich allmählich in den weniger festen Stellen des Käseteigs und dehnt diese zu den berühmten, kirschengrossen Löchern aus. Allwöchentlich werden die Laibe dabei gewaschen, umgesetzt und vielfach auch noch gesalzen. Frühestens nach drei Monaten darf der Emmentaler nach deutschem Käserecht verkauft werden. Die optimale Reifezeit liegt jedoch bei etwa sechs Monaten. Mit zunehmendem Alter wird das Aroma des Käses rezenter und voller, der Teig wird fest und elastisch zugleich, sein Inneres zeigt kirschgroße Löcher, die matt glänzen oder – mit zunehmendem Alter – gar eine Träne, einen Tropfen Salzwasser, aufweisen.

Malerisch liegt das Schloss der Grafen von Gruyère über dem gleichnamigen Städtchen in der Schweiz. In der Abtei Rougemont wurde schon im 12. Jahrhundert der berühmte Käse hergestellt.

Der Ursprungsort des berühmten Fonduekäses **Gruyère/ Greyerzer** ist das Städtchen Gruyères, auch Greyerz genannt, eine Siedlung, die sich um das Schloss der Grafen von Gruyères im Schweizer Kanton Freiburg entwickelte. Heute ist die ganze Innenstadt, mit Häusern aus dem 15. bis 17. Jahrhundert, eine einzige Fußgängerzone.

Der Käse wird zuweilen als kleiner Bruder des Emmentalers bezeichnet und tatsächlich gibt es einige Ähnlichkeiten. So wird auch der Gruyère aus Rohmilch bereitet, so verlangt auch er eine längere Reife- und Lagerzeit, doch die Unterschiede überwiegen. Gruyère wird in kleineren Laiben (von etwa 35 Kilogramm) hergestellt, er hat nur eine schwache Lochung und er reift gemächlich bei niedrigeren Temperaturen als der Emmentaler. Zudem darf die Rohmilch, aus die der Gruyère hergestellt wird, nicht von Kühen stammen, die Silage zu fressen bekommen haben. Das schränkt die Produktionszeit auf die Sommermonate ein, und das bedeutet zugleich, dass in den Wintermonaten mit der Kuhmilch andere Käse hergestellt werden müssen, etwa der Freiburger Vacherin oder Wintersorten wie der Vacherin Mont d'Or.

Gruyère wird nach seiner Ausformung und einem zweitägigen Salzbad in feucht-kühlen Käsekellern bei Temperaturen von 14 bis 18 Grad Celsius flach gelagert, regelmässig gereinigt, gewendet und mit Salzwasser eingerieben. Das Salz entzieht dem Käse nochmals Molke und sorgt für eine Verfestigung der Rinde. Je länger der Gruyère im Keller verbleibt, desto reifer und rassiger wird er. Nach vier bis fünf Monaten ist noch kaum etwas von seinem unverwechselbaren Geschmack zu verspüren. Mit rund acht Monaten schmeckt er würzig und zugleich noch mild. Nach weiteren 2 bis 4 Monaten zeigt er Rasse und Charakter und schmeckt voll, pikant und leicht salzig. Der für den Emmentaler typische, leicht süßliche Geschmack jedenfalls geht dem Gruyère ab. Optisch weist er nur wenige, erbsengroße Löcher auf, aufgeschnitten ist er leicht gelblich anzusehen und hat eine weiche, zarte Teigbeschaffenheit. Gruyère wird längst nicht mehr nur in Gruyères und Umgebung hergestellt. Er kommt auch aus Finnland (Perniön Gruyère), Griechenland (Graviera), Jugoslawien und Polen (Grojer), Österreich (Groyer) und der Türkei (Gravyer peyniri). Die Schweizer verkaufen ihren Originalkäse als „Le Gruyère Switzerland".

Wohl der beliebteste Käse Frankreichs ist der **Comté**. Seine nahe Verwandschaft mit dem Gruyère spiegelt sich schon in seinem zweiten Namen, wird er doch auch **Gruyère de Comté** genannt. Seiner außerordentlichen Qualität und seinem ausgewogenem, leicht nussigen Geschmack verdankt er die Aufnahme in die AOC, der Apellation d'Origine Contrôlée. Diese Auszeichnung wird nur erlesenen landwirtschaftlichen Produkten verliehen und jedes Jahr neu auf den Prüfstand gestellt. Die AOC begrenzt die Herstellung auf die Franche-Comté, Ost-Burgund, Teile Lothringens, der Champagne und der Rhône-Alpes. Für einen Laib Comté benötigt man die Tagesleistung von 30 Kühen, um die erforderlichen 530 Liter Milch zu gewinnen. Diese darf während der Labbeigabe einmal auf höchstens 40 Grad Celisius erhitzt werden. Die ausgeformten, im Durchschnitt 40 bis 70 Zentimeter großen, 9 bis 13 Zentimeter hohen Käselaibe werden mit Salz behandelt. Ihr fester, elastischer Teig zergeht auf der Zunge und hinterlässt für kurze Zeit einen leicht süßlichen Nachgeschmack.

Schwarze Schafe innerhalb des internationalen Käsesortiments gibt es nicht, es sei denn, man bezeichnet manche Nachahmungen des original britischen Cheddars als solche.

Unter den eigenständigen Käsen der Britischen Inseln ist **Cheddar** der absolute Bestseller. Sein Name geht auf das Dorf Cheddar zurück, aber als eigentliche Heimat des Käses gilt die Stadt Wells in Somerset. Bis zum 17. Jahrhundert wurde Cheddar aus Schaf- und Ziegenmilch hergestellt, dann gingen die Engländer zu Kuhmilch über – und zwar zu einer ganz besonderen: Cheddar schmeckt nur richtig, so meinen sie, wenn er aus der Milch von Shorthorn- oder Ayrshire-Kühen bereitet wird. Cheddar – und ebenso der mit ihm verwandte **Cheshire** – wird im Prinzip wie jeder Hartkäse hergestellt. Wichtigste Abweichung: Man lässt den zusammengewachsenen Bruch säuern und schnitzelt ihn, bevor er in die Form gebracht wird. Das Schnitzeln wird „cheddaring" genannt. Diese Technik gilt auch für andere britische Käse, etwa für den **Lancashire** oder den **Double Gloucester**. Der Cheddar-Teig ist im Urzustand weiß bis leicht gelblich. Die Engländer pflegen ihn aber in der Regel zu färben – früher mit gelbem Safran, heute mit Annatto, einem Extrakt aus der Frucht des westindischen Orleanbaumes (*Bixa orellana*), einer beliebten und unschädlichen Käsefarbe. Seit 1851 gibt es auch eine US-amerikanische Cheddar-Produktion. Sie entwickelte sich so erfolgreich, dass erhebliche Mengen Cheddar von jenseits des großen Teiches nach Großbritannien importiert werden. Auch in Deutschland wird Cheddar hergestellt, hier aber unter der Bezeichnung **Chester** und größtenteils als Rohmaterial für Schmelzkäse. Denn Cheddar/Chester lässt sich ganz vorzüglich und ohne lange „Käsefäden" schmelzen. Deshalb verwenden ihn die Briten auch mit Vorliebe für Käsegerichte wie Welsh Rarebits und andere überbackene Gerichte.

Ein weiterer Hartkäse mit Weltruhm ist der italienische **Parmesan**. Er braucht zum Reifwerden viel Zeit, mindestens zwei, meist drei Jahre. Nicht nur die lange Reife- und Lagerzeit ist für den Parmigiano-Reggiano, wie das Original in Italien heißt, charakteristisch. Es handelt sich bei diesem härtesten der Hartkäse auch um einen extrem fettarmen Käse (32 Prozent Fett i. Tr.). Für seine Herstellung gelten immer noch die gleichen Grundsätze wie vor 700 Jahren, als der Parmesan typisiert wurde: umständlich und langwierig, aber wirkungsvoll. Von einem sehr harten, lange haltbaren Käse spricht schon Homer. Ein Eisenschaber war erforderlich, um Späne von ihm abzuhobeln. Im 1. Jahrhundert n. Chr. erwähnt der in Rom lebende Dichter Martial einen harten, mondförmigen Käse, den ursprünglich die Etrusker herstellten, lange vor der Morgendämmerung des Römischen Reiches. In Bibbiano nahe Piacenza, damals Bestandteil der Provinz Parma, wurde der nach Parma benannte Parmigiano im 10. oder 11. Jahrhundert erstmals hergestellt. Aus dem Jahre 1364 gibt es Berichte über einen regen Parmesan-Handel der Stadt Parma.

Eifersüchtig wachten die Parmesan-Leute darüber, dass niemand ihren Hartkäse kopierte. Sie konnten aber nicht verhindern, dass auch in der Poebene ein harter Reibkäse auf den Markt kam, der **Grana Padano**. Jahrhunderte dauerte der Streit zwischen den Käseregionen, bis 1955 ein Regierungserlass beiden Käsemarken Schutz gewährte und die Produktionsgebiete gegeneinander abgrenzte. Echter **Parmigiano-Reggiano** aus dem Erzeugungsgebiet der Provinzen Parma und Reggio Emilia darf nur während der Weidezeit der Kühe, vom 1. April bis zum 11. November eines Jahres, hergestellt werden. Wie Emmentaler und Gruyère wird Parmesan aus roher, nicht pasteurisierter Milch bereitet. Nach der Bruchzerteilung wird ein Teil der Molke abgeschöpft. Die restliche Mischung muss nun unter ständigem Umrühren auf 52 bis 55 Grad Celsius erwärmt werden. Nach dem Absetzen wird weitere Molke abgeschöpft. Mit einem Tuch, dem so genannten Fischtuch, ziehen die Käser den Bruch aus dem Kessel und füllen ihn in Formen, die mit Tüchern ausgelegt sind. Nach vorsichtigem Pressen kommen die Käse, je 24 bis 40 Kilogramm

Über Generationen hat sich das Prinzip bewährt, den Käsebruch für einen Hartkäse mit Hilfe eines Tuchs aus der abgesetzten Molke zu ziehen. Dabei kann die Flüssigkeit abtropfen und die Masse kommt in einem Schwung aus dem Kessel.

Das italienische Sprichwort „Reibe den Käse erst, wenn die Nudeln schon kochen" muss man nicht wörtlich nehmen. Richtig ist aber, dass frisch geriebener Parmesan jeder Fertigpackung Reibkäse vorzuziehen ist. Denn der geriebene Käse verliert durch den Luftsauerstoff an Aroma.

Parmesan, von dem schon Boccaccio in seinem Decamerone schwärmte und der dem französischen Komödiendichter Molière im fortgeschrittenen Alter als wichtige Nahrung diente, wird in Stücken als Dessertkäse, vor allem aber gerieben als Speisewürze für viele italienische Gerichte verwendet.

schwer, in den Reifungskeller, wo sie ein Jahr lang bei 16 bis 18 Grad Celsius und hoher Luftfeuchtigkeit sorgfältig gepflegt werden. Dann erst beginnt die endgültige Lagerung bei niedrigeren Temperaturen.

Aus der weiten Ebene des Flusses Po in Norditalien stammt der schon erwähnte, körnige Käse **Grana Padano** (Grana = Korn). Seine Qualität wird durch den Gütesiegel (D.O.C.) des Konsortiums der Region garantiert. Grana Padano wird meist aus pasteurisierter Milch hergestellt und bildet bei seiner Reife kleine harte Körnchen aus, die auf der Zunge spürbar sind. Da er beim Erhitzen keine Fäden zieht, wird er gern zum Kochen und Backen verwendet.

Wer im Sommer in den Allgäuer Bergen wandern geht, sollte der Versuchung nicht wiederstehen, eine Brotzeit auf einer Almhütte zu verzehren. Dazu gehört neben Brot, Butter, Speck oder geräucherter Schinken auch ein Stück **Allgäuer Bergkäse**. Er darf nur in genau festgelegten Regionen im Allgäu produziert werden. Die zwischen 15 und 50 Kilogramm schweren Laibe Bergkäse werden wie Emmentaler aus vollfetter Rohmilch hergestellt, doch ihre kühlere und längere Reifung bedingt eine kleinere Lochung des Endproduktes. Besonders aromatisch-delikat schmeckt Bergkäse, wenn die Milch von Kühen stammt, die sich an frischem Gras und nicht etwa an Silage satt fressen konnten. Nach der gesetzlich vorgeschriebenen, dreimonatigen Reifung schmeckt Bergkäse mildwürzig. Mit zunehmender Zeit entwickelt er einen kräftigen, teils pikanten Geschmack.

Vom **Sbrinz** heisst es zuweilen, es handle sich dabei um den ältesten Käse aus der Schweiz überhaupt, schon die Römer hätten sich die Spezialität aus der Innerschweiz in die Hauptstadt am Tiber säumen lassen. Nur: Solange die Römer aktiv und einigermassen zahlungsfähig waren, war die Innerschweiz erst dünn besiedelt, eine zum Export fähige Milch- und Käsewirtschaft existierte damals noch nicht. Das änderte sich frühestens im Hochmittelalter, und da waren es mindestens zwei Käsesorten, die den Weg aus der Innerschweiz und aus dem Haslital über Gotthard oder Simplon in den Süden fanden. Der **Spalenkäse**, so genannt, weil man ihn „*sulle spalle*", also auf dem Räf am Rücken in die Ferne trug, und der **Sbrinz** aus der Gegend rund um Brienz, der über Furka und Simplon den Weg zu den Konsumenten fand. Spalenkäse, Sbrinz und das, was gemeinhin unter der Bezeichnung Hobelkäse läuft, sind letztlich Spielarten derselben Gattung, soweit es die Herstellung betrifft. Auch hier unterscheidet sich die Herstellung anfänglich kaum von der Emmentalerfabrikation. Erst die lange Reifung der verhältnismässig kleinen Käse – beim Spalenkäse dauert sie rund ein bis eineinhalb Jahre, beim Sbrinz eineinhalb bis zwei Jahre – bei eher niedrigen Temperaturen und intensiver Salzung sowie nachhaltiger Rindenbehandlung mit dem beim Abschwitzen im Sommer sich abscheidenden Fett führen zu dem erwünschten zwar körnigen, aber doch auf der Zunge schmelzenden Teig, der sich bestes zum Reiben eignet.

In Italien liebt man jede Art von **Pecorino-Käse**. Unter diesem Begriff werden verschiedene Käse zusammengefasst, die teils nur aus Schafmilch, teils aus Mischungen mit Kuh- und Ziegenmilch bestehen und je nach dem verwendetem Lab und den Herstellungsverfahren unterschiedlich schmecken. Laut dem Gesetzgeber darf der Hartkäse **Pecorino romano** nur in bestimmten Regionen hergestellt werden. Aus vollfetter Schafmilch und Lab aus Kälbermagen entsteht nach einer Reife von mindestens 8 Monaten ein pikanter Käse, dessen Rinde früher mit einer Mischung aus Erde und Öl, heute mit einem synthetischen braunem Material eingefärbt wird. Er ist ein hervorragender

Tafelkäse, dient aber auch viel als Reib- und Kochkäse. **Pecorino sardo** wird sowohl in einer milden (dolce) als auch ausgereiften (maturo) Form hergestellt.

In der Riege der beliebtesten Hartkäse erobert sich der spanische **Manchego** immer erfolgreicher seinen Platz im europäischen Sortiment. Er wird aus der Milch von Schafen der Rasse Manchega gewonnen. Sie stammen aus La Mancha, jener Region auf dem kastillischen Hochland, welche schon vor Jahrhunderten in die Weltliteratur einging. Der große spanische Schriftsteller Miguel de Cervantes Saavedra (1547-1616) liess hier seinen Romanhelden Don Quijote allerlei Abenteuer erleben.

Aus der leicht herb schmeckenden Milch der Manchega-Schafe wird noch heute ein fein pikanter, aromatischer Käse in Form eines Zylinders gewonnen, der zwischen 1 und 3,5 Kilogramm wiegt. Meist wird die Milch dazu pasteurisiert, nur in rein handwerklichen Betrieben kommt noch Rohmilch zum Einsatz. Der Käse reift zwischen zwei und zwölf Monate, in dessen Verlauf sein Geschmack immer intensiver wird. Seine Herstellung wird seit 1984 durch die offizielle Herkunftsbezeichnung D.O. (Denominación de Origen) auf die Provinzen Albacete, Cuidad Real, Cuenca und Toledo beschränkt. Man erkennt einen echten Manchego an der dunklen Rinde, in die eine Blume eingeprägt ist.

Die Windmühlen der Region La Mancha erschienen dem überaus tapferen und dennoch aus der Realität entfremdeten Romanhelden Don Quijote mit seinem ihm treu ergebenen Diener Sancho Panza als große Ungeheuer, die es zu bekämpfen galt.

SCHNITTKÄSE

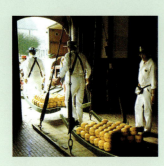

Wieviele Tonnen von Käse die historische Waage von Alkmaar im Laufe ihres Bestehens gewogen hat, vermag heute keiner zu sagen. Ihre Bedeutung ist jedoch unbestritten.

Der **Gouda** aus der Stadt Gouda nahe Rotterdam, an Ort und Stelle Goudse Kaas genannt (was etwa „chaudse kaas" gesprochen wird), ist der bekannteste niederländische Käse. Normalerweise reiht man ihn in die Gruppe der Schnittkäse ein, obwohl ein alter Gouda eher etwas von einem harten Parmesan hat: Er kann so trocken werden, dass man der Rinde nur noch mit der Säge beikommt und der „Inhalt" gebrochen statt geschnitten werden muss. Die Stadt Gouda ist seit dem 16. Jahrhundert der Handelsmittelpunkt für Goudse Kaas. Hier steht noch heute die alte städtische Kaaswaag, die Käsewaage, ein Zentrum für die Gewichts- und Qualitätsprüfung des Käses. Von hier aus exportierten die Niederländer ihren Käse, zunächst auf dem Landweg nach Deutschland, später bis in den Mittelmeerraum. Und vor der Käsewaage verkaufen die Bauern noch heute allwöchentlich am Donnerstag ihren **Goudse Boerenkaas**, den Gouda-Bauernkäse. Denn der Gouda war einst ein reiner Bauernkäse, auf Hunderten von Höfen in Handarbeit hergestellt. Die Zahl der Hauskäsereien hat sich inzwischen zwar zugunsten der Fabriken verringert, spielt aber immer noch eine bedeutende Rolle – und der Feinschmecker ist glücklich, wenn er einen echten Bauerngouda aus Rohmilch ergattern kann. Dass der Gouda unter diesem Namen eingebürgert wurde, freut die Bewohner des Dorfes Stolwijk, nahe Gouda gelegen, überhaupt nicht. In Stolwijk nämlich wurde der Gouda erstmals hergestellt und zuerst nannte man ihn auch Stolkse Kaas. Noch heute gilt der Gouda aus Stolwijk als besonders gelungen. Längst wird Gouda auch in vielen anderen Ländern hergestellt, in Deutschland als **Deutscher Gouda** und meist in Brotform, seltener in der traditionellen Laibform. Deutscher Gouda muss mindestens fünf Wochen alt sein, bevor er verkauft werden darf. Die Niederländer unterscheiden verschiedene Altersstufen, von „jong" bis „overjarige" und entsprechend vielfältig sind seine Verwendungsmöglichkeiten. Als Salatzutat, zum Überbacken, für Fondue bis hin zum Reiben, lässt sich Gouda genießen.

Wie der Gouda, mit dem er eng verwandt ist, stammt der **Edamer** aus den Niederlan-

den. Er gehört ebenfalls zu den Schnittkäsen und wird auf ähnliche Weise produziert wie der Gouda. Einst war er ein reiner Bauernkäse, kugelrund und handlich klein. Bereits im 14. Jahrhundert wurde er aus Edam, der einstigen Hafestadt, in die damals weit entfernten Regionen Frankreich und Spanien verschifft und erhielt dadurch seinen Namen. 1520 erhielt die Stadt Edam von Kaiser Karl V. das Recht, einen Markt abhalten zu dürfen. 1570 gewährte Prinz Wilhelm von Oranien das immerwährende Recht, der städtischen Käsewaage. Heute trennt ein 30 Kilometer langer Abschlussdamm das IJselsmmer von der Nordsee ab, doch der **Holländer Käse** ist weltweit zu bekommen. Für den Export wird er mit der traditionellen roten (im Inland gelben) Wachsschicht überzogen, Stück für Stück 1,7 bis 2,5 Kilogramm schwer. Wer sich einen Eindruck über die in vergangenen Zeiten abgehaltenen Käsemärkte verschaffen will, der sollte in den Sommermonaten Juli und August an einem Mittwoch nach Edam, an einem Donnerstag nach Gouda oder an einem Freitag nach Alkmaar fahren. Hier finden die berühmten Käsemärkte nun als Schauspiel für Einheimische und Touristen statt. Die großen, zylinderförmigen Goudalaibe beziehungsweise die Edamerkugeln, auch Käseköpfe, Manbollen oder Maurenköpfe genannt, werden dafür zunächst nach alter Tradition auf dem Marktplatz aufgereiht. Anschließend begutachten Fachhändler in ehrwürdigen, weißen Kitteln per Klopf- und Geschmacksprobe die Ware, und

Die historischen Käsemärkte der Niederlande bedürfen vieler Hände, um vorbereitet zu werden. Wie einst wird die Ware auf dem Marktplatz ausgebreitet, damit Kaufleute sie begutachten können.

Mögen die bunten Hüte noch so lustig ausschauen, so waren sie doch einst das Erkennungszeichen, dass die Käseträger in Holland mit ihrer Arbeitskraft verschiedenen Kaufleuten zu Dienste standen.

nach einem Handschlag, der den Kauf besiegelt, befördern Träger die Käselaibe zur Käsewaage. Dies ist eine große Attraktion, denn die in weiß gekleideten Käseträger, die mit ihren farblich unterschiedlichen Hüten die Zugehörigkeit zu bestimmten Gilden dokumentieren, tragen auf einer Art Transportschlitten bis zu achtzig Stück gleichzeitig. Heute wird Edamer praktisch nur noch in Fabriken hergestellt. Bei uns kommt **Deutscher Edamer** in länglichen Laiben auf den Markt, von denen der Käse in Scheiben abgeschnitten wird. Im Vergleich zum Gouda hat junger Edamer einen milderen, gut schnittfesten Teig mit kleiner Lochung und zartem Geschmack. Reifer Edamer kann ausgesprochen pikant sein. Dass Edamer auch eine längere als die eingeplante Lagerung gut verträgt, belegen die Niederländer mit einem Edamer, der sich 1956 im letzten Expeditionslager der Südpolarexpedition des Briten Robert Falcon Scott fand. Scott hatte 1912 den Wettlauf zum Pol verloren und war mit seinen Gefährten im Schneesturm umgekommen. Der Edamer überstand die fast 44-jährige Lagerung im Eis des Südpols ausgezeichnet und war immer noch gut genießbar.

Dem markant schmeckenden **Tilsiter** liegt eine bewegte Geschichte zugrunde. Das erste Rezept für Tilsiter Käse stammt aus dem Jahr 1840 aus der Nähe von Tilsit in Ostpreußen. Mit Sicherheit wurde Tilsiter in Ostpreußen jedoch schon viel früher produziert, und zwar von Fachleuten, die aus Käseländern eingewandert waren, beispielsweise aus der Schweiz. Der Deutsch-Französische Krieg von 1870/71 und der Wiener Börsenkrach von 1873 hatten die Schweizer Käseexportwirtschaft in eine tiefe Krise gestürzt und zahlreiche Käser, vornehmlich aus dem Emmental, wanderten aus. Beliebtes Ziel der Emigranten war unter anderem Ostpreußen mit seinen gewaltigen junkerlichen Gutsbetrieben, wo Melker und

Käser mit entsprechendem Know-how gefragt waren. Diese Fachleute erprobten an Milch von ostpreußischen Kühen ihre heimatlichen Erfahrungen. Allerdings kam etwas ganz anderes dabei heraus, als sie sich vorgestellt haben mochten – eben keine Kopie des Emmentalers oder eines anderen bekannten Käses, sondern der eigenständige Tilsiter. Denn mit Käse-Nachahmungen ist es so eine Sache. Nicht ein bestimmtes Rezept ist maßgebend für das Ergebnis, sondern in größerem Umfang Art und Qualität der Milch, damit also der Nahrung, aus der die Kühe ihre Milch erzeugen. Käse ist stets ein Produkt des Bodens, auf dem das Futter wächst. Und schließlich spielten früher auch die „ortsansässigen" Bakterien- und Pilzstämme eine Rolle. Erst als es gelang, Reinkulturen zu züchten, war es leichter möglich, manche Käsesorten an vielen Orten zu produzieren. Der Tilsiter, einziger Käse von Weltrang, der eindeutig auf deutschem Boden entstanden ist, breitete sich zunächst über Ost- und Westpreußen, dann über ganz Norddeutschland aus. Er wird aus pasteurisierter Milch hergestellt. Die Molke muss, da der Käse nicht gepresst wird, abtropfen, bevor der Bruch in die Formen gefüllt wird. Manchmal wäscht man sie auch aus. Der Reifevorgang beginnt in einem Schwitzraum bei 30 bis 35 Grad Celsius. Es folgen das Salzbad und die Reifung im kühleren Keller. Regelmäßig werden die Käsebrote oder -laibe mit Salzwasser gewaschen, dem Rotschmierekultur zugesetzt ist. Auch wenn dieser Außenschimmel vor dem Verkauf meist antrocknet oder abgewaschen wird, zählt man den Tilsiter zu den festen Schnittkäsen „mit Schmiere".

Unter Hinweis auf die Wünsche der Verbraucher, die einen milden Tilsiter bevorzugen, kommt dieser Käse im Allgemeinen nach einer nur wenige Wochen dauernden Kurzreifung auf den Markt. Wer einen „vollmundigen", pikanteren Tilsiter sucht, hat selten Glück – es sei denn, er lässt sich ein Stück dänischen **Havarti** abschneiden. Dieser nach dem Vorbild des Tilsiters produzierte Käse entspricht dem traditionellen ostpreußischen Tilsiter eher als das, was unter diesem Namen heute bei uns verkauft wird.

Die Korngröße, die beim Schneiden der Gallerte mit der Käseharfe entsteht, entscheidet über die Konsistenz des späteren Käses. Je kleiner der Bruch, desto mehr Molke kann abfliessen und desto härter wird der Käselaib.

Der **Appenzeller** ist einer der bekanntesten Vertreter Schweizer Käsekultur. Das Besondere an ihm ist die Behandlung, die seiner Rinde zuteil wird. Der Käse wurde schon vor mindestens 750 Jahren in der Schweiz hergestellt. Die Bauern der Region Appenzell überließen wohl kurz nach 1200 den Ackerbau den Kollegen unten im Tal und verlegten sich auf die Vieh- und Milchwirtschaft. Solange jeder Bauer auf seinem abgelegenen Gütlein seinen eigenen Käse herstellte und den wandernden Käsehändlern – den Gremplern – weiterverkaufte, bedeutete Appenzeller mehr eine geographische Herkunfts- als eine eigentliche Markenbezeichnung. Appenzeller wird aus Rohmilch von Kühen hergestellt, die ohne Silage gefüttert werden. Die bis zu 8 Kilogramm schweren Laibe werden nach dem Salzen mit der so genannten »Sulz« abgerieben. Die Sulz ist eine Flüssigkeit, deren genaue Zusammensetzung aus Pfeffer, Weißwein oder Most, Hefen, Salz, einer Vielzahl von Gewürzen, darunter Anis, Liebstöckel, Majoran, Minze, Muskatnuss, Nelken, Rosmarin und Zimt besteht und früher streng geheimgehalten und deren Rezepte innerhalb der Familien vererbt wurde. Wenn die Zusammensetzung der Sulz zwar heute im Großen und Ganzen bekannt ist, so kommt es doch noch immer auf die richtige Mischung an, und da lassen sich die Käser nicht gern in ihre Alchemiebücher blicken. Die richtig dosiert angewendete Sulz verschafft dem Appenzeller jedoch seinen unverwechselbar aromatischen, gelegentlich fast beissend-scharfen Geschmack, den vor allem die eingefleischten Appenzellerliebhaber ganz besonders mögen.

Ein schier endloses Unterfangen ist es, alle französischen Käsesorten, die unter der Bezeichnung tomme oder „tome" zusammengefasst werden, zu beschrieben. Die Käse erfordern wenig Milch, da sie meist nur in kleinen Größen auf Bauernhöfen hergestellt werden. Ob aus Kuh-, Ziegen- oder Schafmilch oder einer Mischung daraus, die Tommes sind nicht lange lagerfähig. Für ihre traditionelle Herstellung wird von der frisch gemolkenen Milch zunächst der Rahm zu Butter verarbeitet. Übrig bleibt die fettarme Milch, die zu Käse verarbeitet wird, weshalb die Tommes etwas für schlankheitsbewusste Gourmets sind. Tomme de Savoie aus Kuhmilch ist auch über seine Landesgrenzen bekannt. Unter seiner dünnen, trockenen Rinde, die mit einem grauen Schimmelrasen gesprenkelt ist, verbirgt sich ein cremiger, milder Käseteig mit nussigem Aroma.

Kenner zählen den **Fontina** aus der italienischen Region Piemont, einen halbharten Schnittkäse, zu den besten Käsen der Welt. Wie andere berühmte Käse ging auch er aus einem Hirtenkäse hervor. Fontina wurde früher aus Schafmilch gewonnen. Heute macht man ihn aus frischer Kuhmilch. Während der Sommermonate, von Juni bis September, wird noch heute in den Hütten der genossenschaftlichen Alpwirtschaften gekäst. In den übrigen Monaten treten die Käsereien im Tal in Aktion. Fontina-Laibe haben einen Durchmesser von 35 bis 45 Zentimeter und sind etwa 10 Zentimeter hoch. Echter Fontina trägt den Stempel des Consorzio della Fontina Tipica und ist damit herkunftsgeschützt. Ähnlicher Käse aus den Nachbargebieten heißt bei uns meist Aostakäse, in Italien Fontal oder Genziano. Fontina hat ein würziges, leicht süßliches Aroma und ist ideal für alle Gerichte, die einen zartschmelzenden Käse erfordern.

Halbfester Schnittkäse

Auf vielen Wochenmärkten verwöhnen Käsehändler ihre Kunden mit einem breiten Angebot an Spezialitäten. Wer Zeit hat, sollte sich fachlich beraten lassen und öfters mal etwas Neues ausprobieren.

Als die Italiener 1941 unter den Käsesorten ihres Landes Ordnung zu schaffen versuchten, erfanden sie eine neue Bezeichnung für eine ganze Gruppe von Käsen, die sich alle durch auffallend milden Geschmack und fast ganz fehlenden Käsegeruch auszeichneten. Künftig sollten diese Käse, etwa der Fior d'Alpe, Bella Alpina, Lombardo und Bel Piemonte, unter dem Namen „Italico" angeboten werden. Zu den neuen Italico-Käsen gehörte auch der seit 1921 in der Lombardei hergestellte **Bel Paese**, ein Erzeugnis, dessen Namen sich die große Käsefirma Galbani schützen ließ. Weil Galbani nicht nur in Italien, sondern auch in vielen anderen Ländern gute Geschäfte machte, setzte sich der Bel Paese bald an die Spitze der Italico-Käse. Und schließlich wurde, ganz im Gegensatz zur Absicht der Gesetzgeber, Bel Paese zu einer Art Sammelbegriff für das, was eigentlich Italico heißen sollte. Warum der nach Auffassung von Käsefreunden doch recht charakterschwache Käse vom Bel-Paese-Typ so gewaltig Karriere machte, ist ziemlich einfach zu erklären: Viele Verbraucher bevorzugen heute Käsesorten, die sich weder durch Geruch noch durch Geschmack stark bemerkbar machen. Und der starken Nachfrage war es zu verdanken, dass auch in Deutschland versucht wurde, eine Art Italico herzustellen. Im Allgäu entstand um 1927 der erste Käse dieser Art. Seines butterähnlichen Aromas wegen wurde er **Butterkäse** getauft, seiner Konsistenz verdankt er die Einordnung in die Gruppe der halbfesten Schnittkäse. Allerdings war er in der Anfangszeit von so weicher Beschaffenheit, dass er als Weichkäse geführt wurde. Butterkäse wird bei hohen Verarbeitungs- und niedrigen Lagertemperaturen hergestellt. Dadurch erhält der Käse seine weiche Teigbeschaffenheit und sein zartes Aroma. Der in Scheiben geschnittene Käse dient vor allem als Brotbelag. Auf einer Käseplatte kann sich Butterkäse gegenüber duftenderen Sorten nicht durchsetzen und er sollte tunlichst auch nicht zusammen mit ihnen gelagert werden, denn es besteht die Gefahr der Aromaübertragung.

Dass Käse und Wein gut miteinander harmonieren, ist eine altbekannte Tatsache. Es gibt aber auch eine ganze Reihe typischer „Bierkäse", von denen der **Weißlacker** unter Spezialisten am höchsten bewertet wird. Seinen Namen hat der halbfeste Schnittkäse, ein Verwandter des Limburger und des Romadur, von seiner weißlichgelben Oberfläche mit lackartiger Schmiere. Er schmeckt kräftig-pikant, hat mit über 7 Prozent einen ziemlich hohen Salzgehalt und verbreitet einen durchdringenden Duft. Der pikante Geschmack macht ihn zum idealen Bierbegleiter, weshalb man ihn in Bayern in jedem Biergarten und natürlich auf dem Oktoberfest findet. Gegen den Salzgehalt haben die Wirte nichts einzuwenden, er fördert den Bierdurst, wohl aber die Ärzte, die Menschen mit hohem Blutdruck vom Genuss des Weißlackers abraten müssen. Und dem Geruch sagt man nach, er sei ein ideales Mittel, um ein Zugabteil ganz für sich allein zu bekommen – man brauche nur eine Weißlacker-Brotzeit auszupacken, und schon sähen sich alle Mitreisenden gezwungen, das Weite zu suchen. Weißlacker wird von Hand hergestellt. Die Bruchkörner müssen walnussgroß sein. Den in Holzkästen gefüllten Bruch zerschneidet der Käser in Würfel, die in Formkästen reifen müssen – bis zu zehn Monate dauert das. Reifer Weißlacker ist zart, geschmeidig und schnittfest. Über die Entstehung dieser Käsesorte gibt es mehrere Lesarten. Einerseits wird berichtet, der Weißlacker sei 1874 von den Brüdern Anton und Josef Kramer in Wertach im Allgäu systematisch entwickelt worden. Andererseits geht die Sage, die Kramers hätten einen missratenen, zu salzigen Limburger im Keller abgestellt, weil er sich nicht verkaufen ließ. Endlich sei es ihnen aber doch gelungen, den mittlerweile von einer weißen „Lackschicht" bedeckten Käse einem Käsehändler anzudrehen, der damit dann ungeahnte Erfolge erzielte. Wie dem auch sei, als Josef Kramer 1908 zu Grabe getragen wurde, war er ein vermögender Mann. Und die Wirte schworen sich, stets an ihn zu denken, weil sein Weißlacker dazu geeignet war, ihren Bierumsatz zu steigern.

Die Höhlen und Grotten des vor Jahrtausenden durch Wassererosion ausgewaschenenen Mont Cambalou bieten die weltweit einzigartigen klimatischen Bedingungen, damit Rohkäse aus Schafmilch zu dem echten Roquefort reifen kann.

Unter Fachmänner zählt der **Roquefort** unbestritten zu den besten Käse überhaupt. Roquefort ist ein Schafkäse von Weltruf. Er gehört zu den halbfesten Schnittkäsen, Kategorie Edelpilzkäse. Wie es zur Erfindung des Roquefort gekommen sein könnte, erzählt eine alte Legende. Danach vergass ein am Berge Combalou seine Schafe überwachender Schäfer sein Roggenbrot mit Schaf-Frischkäse in einer der Höhlen, abgelenkt durch ein feuriges schwarzhaariges Mädchen. Monate später fand er das Käsebrot wieder – der Käse war nun ebenso wie das Brot von blauen Schimmeladern durchzogen. Er probierte und fand das Käsebrot köstlich. Fortan gab es Roquefort. So oder ähnlich muss es sich zugetragen haben. Der weiche bis speckige Käseteig von Roquefort wird als zylindrische Laibe, etwa 2,7 Kilogramm schwer, hergestellt. Er wird von zahlreichen blauen, blaugrünen oder grüngrauen Edelpilzadern durchzogen. Er schmeckt würzig-aromatisch, pikant – und das auf eine unaufdringliche Weise, die Fachleute „diskret-vornehm" nennen. Für die Edelpilzadern zeichnet ein Schimmelpilz, *Penicillium roqueforti* genannt, Verantwortung. Er gedeiht auch anderswo, etwa auf Roggenbrot und wird auf diese Weise auch in aller Welt gezüchtet. Aber nur in einem bestimmten französischen Höhlensystem, im Berg Combalou, südlich des französischen Zentralmassivs und südwestlich der Gorges du Tarn, in der Gemeinde Roquefort-sur-Soulzon, entwickelt sich aus Rohkäse der allseits geschätzte echte Roquefort. Der Berg Combalou besteht aus Kalkstein, der im Lauf der Erdgeschichte immer mehr ausgewaschen wurde, bis er schließlich zusammenbrach. Die Katastrophe hatte segensreiche Auswirkungen. Die Trümmer des Berges schoben sich so zusammen, dass ein riesiges System von Höhlen und Schächten entstand. Unzählige Felsspalten, „fleurines" genannt, sorgen für stets frische Luft, die gleiche Temperatur von 9 Grad Celsius und eine konstante Luftfeuchtigkeit von 95 Prozent – das ideale Klima für das Wachstum des Penicillium-Pilzes. In den Höhlen, die durch An- und Ausbauten erweitert wurden und ein Volumen von 90 000 Kubikmeter haben, reifen jährlich 3,3 Millionen Käse. Mehr ist nicht möglich, einerseits wegen des begrenzten Fassungsvermögens der Höhlen, andererseits, weil es nicht genug Schafmilch gibt. Heute werden die Lieferungen aus der Umgebung des Combalou aufgestockt durch Schafmilch aus den Pyrenäen und von der Insel Korsika. Schon der Bruch der aus roher Schafmilch hergestellten Käse wird mit dem Schimmelpilz geimpft. Die geformten Käse entstehen außerhalb des Berges Combalou, der lediglich als riesiger Reife- und Lagerkeller dient. Die Roquefortlaibe werden dann angestochen, damit sich der Pilz im Inneren ausbreiten kann. Sobald dies im notwendigen Umfang geschehen ist, muss die weitere Pilzausdehnung gestoppt werden. Das geschieht durch Einschlagen in Zinnfolie. Bei kühlerer Lagerung vollzieht sich nun der restliche Reifevorgang. Der vollreife Käse wird gekühlt, damit das ganze Jahr über ideal-reifer Roquefort zur Verfügung steht. Vor dem Versand werden die

Käse in Alufolie verpackt. Roquefort sollte man stets temperiert, also zimmerwarm, genießen. Er passt auf Käseplatten und Dessertteller, es gibt aber auch viele Spezialgerichte, vor allem Saucen und Suppen, die von seinem markanten Geschmack profitieren. Fachleute schätzen ihn pur.

Unter den bekannten italienischen Edelpilzkäsen ist der **Gorgonzola**, so benannt nach dem Ursprungsort nahe Mailand, der Berühmteste. Es gibt ihn schon seit über tausend Jahren und seine Entwicklung verlief durchaus eigenständig, war also nicht vom Roquefort abhängig. Was heute schlicht Gorgonzola genannt wird, kam früher als „Stracchino di Gorgonzola" in den Handel. Das italienische Wort stracco heißt „müde". Wenn die Kühe im Herbst von den Almwiesen zur Überwinterung in die milde Po-Ebene getrieben wurden, waren sie vom langen Marsch müde. Aus der Milch dieser müden Kühe wurde einst, und folgerichtig nur in den Wintermonaten, Gorgonzola bereitet. Die Tiere gaben nur wenig Milch. Es lohnte sich nicht, täglich Käse zu bereiten. Der Bruch wurde tagelang gesammelt. Dabei konnte es nicht ausbleiben, dass der ältere Bruch schon zu schimmeln begonnen hatte. Der Edelschimmel pflanzte sich durch die ganze Bruchmasse fort. Es gibt aber auch eine andere Entstehungslegende. Danach zahlten die Käser, wenn sie sich abends in ihre Stamm-Osteria in Gorgonzola begaben, mit frisch bereitetem Käse. Der Wirt sammelte das „Zahlungsmittel" in einem Nebenraum der Gaststätte, in der Hoffnung, den Käse bald weiterverkaufen zu können. Die älteren Käse begannen zu schimmeln und entwickelten grüne Edelpilzadern. Davon wollte der Käsehändler nichts wissen. Die Schimmeladern wurden herausgeschnitten. Erst später merkte man, dass der verschimmelte Käse ausgezeichnet schmeckte. Bis ins 19. Jahrhundert wurde Gorgonzola nur im Handbetrieb und in kleinen Mengen hergestellt. In den Höhlen des Valassinatals reifte der Käse, ähnlich wie der Roquefort im Berg Combalou, in einem fast einjährigen Reifeprozess heran. Heute ist die Gorgonzola-Herstellung weit gehend industrialisiert. Der haselnussgroß geschnittene Bruch wird mit *Penicillium gorgonzola* geimpft. Die geformten

Käse sticht der Käser an, damit der Pilz gleichmäßig eindringen kann. Gorgonzola reift bei Temperaturen zwischen vier und fünf Grad Celsius vorwiegend in Kühlhäusern. Seit der Einführung des Schnellverfahrens ist ein Gorgonzola schon nach siebzig bis achtzig Tagen genießbar. Gorgonzola ist einer der mildesten Edelpilzkäse, zugleich einer der weichsten – er müsste eigentlich als Weichkäse eingestuft werden, wird aber allgemein als halbfester Schnittkäse bezeichnet. Neben dem Gorgonzola mit Innenschimmel, der vor allem als Dessertkäse verspeist wird, gibt es noch den **Gorgonzola Bianco** oder **Pan(n)erone** mit leichtem Außenschimmel, aber ohne die inneren Edelpilzschimmeladern.

Stilton ist für Briten der Edelpilzkäse schlechthin – ein Käse mit Stil und Tradition, den manche für so edel halten, dass sie es ablehnen, ihn auf einer Käseplatte mit anderen, profaneren Käsen zu vereinigen. Stilton, ein typischer Dessertkäse, muss für sich allein genossen werden, am besten mit einem Glas Portwein und sonst gar nichts. Die Legende berichtet, eine gewisse Mrs. Faulet, Haushälterin auf Quenby Hall in Leicestershire, dem Landsitz von Lady Beaumont, habe sich um die Stilton-Herstellung verdient gemacht. Weil nicht aller von ihr produzierter Käse im Haushalt verbraucht werden konnte, belieferte sie ihren Schwager, Mr. Thornhill, mit dem Überschuss, den Besitzer des Gasthauses nebst Pferdepoststation „Bell Inn" nahe der Ortschaft Stilton. Das soll um 1690 geschehen sein, und der Käse fand bei den durchreisenden Gästen großen Anklang. Jeder wollte „Mrs. Paulet's Käse" haben, und schließlich setzte sich die Bezeichnung Stilton für den blaugrün geäderten, pikanten Käse durch. Käsehistoriker haben herausgefunden, dass ein Käse dieser Art mindestens schon fünfzig Jahre vor Mrs. Paulet bei britischen Adligen beliebt war. Und bei Daniel Defoe, Autor des unsterblichen „Robinson Crusoe", kann man nachlesen, dass er schon zehn Jahre vor Mrs. Paulet im „Bell Inn" bei Stilton Stilton gegessen haben will. Stilton, früher ein Hausprodukt, wird heute in großem Stil hergestellt. Er besteht aus pasteurisierter Milch. Der Bruch wird mit Schimmelpilzen geimpft. Nach dem Zusammenwachsen gibt

Was der Big Ben für das Stadtbild von London ist, das ist der Stilton für die Käselandschaft Großbritanniens. Feinschmecker vertrauen auf das Gütesiegel PDO (Protected Designation of Origin). Es garantiert die Herkunft des Originals.

man ihn schichtweise in Formen, wobei jede Schicht gesalzen wird. Eine Woche dauert es, bis unter ständigem Wenden die Molke abgelaufen ist. Erst nach achtwöchiger Reifung pflegt man die bis zu acht Kilogramm schweren Stilton-Zylinder anzustechen, damit sich der Schimmelpilz ausbreiten kann. Stilton im genau richtigen Reifezustand kaufen die Engländer am liebsten in den Monaten von November bis April. Wer sich einen ganzen Käse zulegt, schneidet die Rinde deckelförmig ab und zerlegt dann den Käse horizontal. Der Rindendeckel wird zur Lagerung wieder aufgelegt. Früher war es üblich, den Käse mit dem Löffel auszuhöhlen. In die Höhlung gab man etwas Portwein, um das Austrocknen zu verhindern. Weil der Käse dadurch aber nicht besser wird, raten Fachleute von diesem Verfahren ab.

Die **Tête de Moine** ist ein Produkt aus dem Schweizer Jura, der im Sommer für den Winter hergestellt wird. Nach zuverlässigen Quellen ließen die Mönche der Prämonstratenser-Abtei Bellelay (BE) – heute säkularisiert – im Hinblick auf die langen, kalten Wintertage bereits im 12. Jahrhundert auf ihren Alpen rechtzeitig für jeden im Kloster lebenden Mönch und Bruder – *par tête de moine* – einen rund fünf Kilogramm schweren, zartfetten, halbharten Käse anfertigen, der am Zinstag im Kloster abgeliefert wurde. Die Schwierigkeit, jeden Tag ein bisschen davon zu essen und gleichzeitig zu verhindern, dass der Käse im Lauf der Monate austrocknete, überwanden die klugen Mönche dadurch, dass sie die ganze obere, flache Rindenschicht sorgfältig wegschnitten, etwas Käse abschabten und dann die frische Schnittfläche mit dem abgehobenen Deckel verschlossen. Um den Käse selbst frisch zu halten, wurde er mit einem in Salzwasser oder Wein getränkten Tuch zugedeckt.

Gegessen wird die Tête de Moine auch heute noch so, wie die Mönche aus Bellelay ihn verzehrten, auch die Herstellung selbst – man verwendet dazu die besonders gehaltvolle Milch der Sommer-Weidezeit und lässt die zylindrischen Käse rund vier bis sechs Monate bei hoher Luftfeuchtigkeit und relativ niedriger Temperatur reifen – hält sich an das Rezept, das die Klosterkäser einst eingeführt hatten; nur die Käse selbst sind kleiner geworden. Heute wiegen sie meist ein bis zwei Kilogramm, da der Käse von der monastischen Winterdauerverpflegung zur gesuchten Delikatesse geworden ist. Die Beliebtheit der Tête de Moine hat im übrigen dazu geführt, dass sie neuerdings ganzjährig hergestellt wird – ein Sakrileg in den Augen und auf dem Gaumen eines jeden Gourmets, der beim Geniessen auch die Jahreszeiten noch immer respektiert.

Der **Reblochon** aus den Bergen Savoyens hat mit seinem frischen, würzigen und doch mildem Käseteig die Aufnahme in die AOC, die Appellation d'Origine Contrôlée, geschafft. Zahlreiche Höfe und Sennhütten sowie Genossenschaftsmolkereien erzeugen aus kuhmilchwarmer, roher Vollmilch, die beim Nachmelken gewonnen wird, flache Laibe von etwa 500 Gramm, die mit einer dunkelgelblichen, gewaschenen Rinde nach nur drei bis vier Wochen Kellerreife auf den Markt kommen. Während der Herstellung wird dem Käsebruch durch Pressen möglichst viel Molke abgerungen, so dass ein fester und dennoch schneidfähiger Teig entsteht. Sein volles, wohlschmeckendes Aroma entfaltet der Käse auf der Zunge und zurück bleibt für kurze Zeit ein nussartiger Geschmack. In den Verkauf gelangt er in Schachteln, denen eine dünne Spanholzscheibe eingelegt wurde.

Der Reblochon ist aus der Not heraus entstanden, denn schlaue Bauern der Haute-Savoie haben im Mittelalter ihre Pachtherren um die Hälfte der zu zahlenden Zinsen gebracht. Da sich die Abgaben aus der Milchleistung der Herden errechnete, ließen sie einfach beim ersten, offiziellen Melken, etwas Milch zurück. Das heimlich stattfindende, zweite Melken erbrachte dann die Milch für den Käse. Der Reblochon wurde später durch die Mönche der Chartreuse, dem berühmten Kartäuserkloster, bekannt. Die Bauern der Umgebung baten die Klosterbrüder, ihre Chalets zu segnen. Dafür gaben sie ihnen von ihren Käsen, die deshalb „fromages de dévotion", Opferkäse, genannt wurden.

Camembert wird nur noch in wenigen Betrieben handwerklich hergestellt. Hier wird die gerade mit Lab versetzte Milch in zylindrische Camembertformen gegossen. Durch das Eigengewicht fließt die Molke aus, der Bruch setzt sich, und die allseits bekannte Camembert-Gestalt entsteht.

Camembert, heute ein internationaler Weichkäse, der in vielen Ländern hergestellt wird, hat seinen Ursprung in der Normandie. Seiner „Erfinderin" wurde 1928 von einem amerikanischen Arzt in Vimoutiers nahe Camembert das erste Denkmal gesetzt. Sie hieß Marie Harel, war eine Bäuerin aus Roiville und verkaufte den von ihr hergestellten Käse ab 1791 auf den Märkten der Umgebung. Um einen mit weißlichem Schimmel bedeckten Käse handelte es sich damals freilich noch nicht, sondern um einen Rotschmierekäse. Aber er fand Anklang bei den Verbrauchern. Madame Harel war mit Sicherheit nicht die erste, die Camembert herstellte und verkaufte. Schon Jahrzehnte früher, zu Beginn des 18. Jahrhunderts, scheint es den heute so berühmten Käse gegeben zu haben. Aber Marie Harel muss trotzdem viel zur Verbreitung des Camembert beigetragen haben – und mehr noch ihre gleichnamige Tochter, zu deren Zeit auch die Bezeichnung „Camembert" aufkam. 1890 entwickelte ein Monsieur Ridel die Verpackung der Camembert-Flachzylinder in Spanschachteln; bis dahin hatte man ihn meist in Stroh verpackt.

Erst Ridels Verpackungsidee schuf die Voraussetzungen für den weltweiten Vertrieb des Käses. Seit 1910 hat der Käse seine heutige Gestalt.
Nur der „Camembert de Normandie" darf seit 1983 das französische Gütesiegel AOC tragen und ist damit herkunftsgeschützt. Neben anderen, strikt definierten Kriterien darf die Rohmilch bei seiner Herstellung nicht über 37 Grad Celsius erhitzt werden und der Bruch muss senkrecht in Scheiben geschnitten werden. Die 10,5 bis 11 Zentimeter kleinen, nur 3 Zentimeter hohen Käselaibe müssen ab Herstellungsdatum mindestens 21 Tage reifen. Was daraus entsteht ist ein feiner Käse, mit sahnig-gelbem Teig mit einer weißen Schimmelrinde, die mit rötlichen Streifen und Flecken versehen ist. Deutscher Camembert besteht dagegen aus pasteurisierter Milch – das gilt auch für Camembertsorten aus anderen Ländern und die französischen „camembertähnlichen" Käse. Der Milch werden Schimmelpilzkulturen und Lab beigefügt. Die Käse kommen nach dem Ablaufen der Molke in ein Salzbad und werden zwei Tage lang im Trockenraum getrocknet.

Im Reifungsraum zeigen sich nach etwa drei Tagen die ersten Schimmelansätze. Zehn Tage später ist der noch nicht durchgereifte Käse verpackungsfertig. Die ideale Endreife erreicht der Camembert im Käsegeschäft oder beim Verbraucher. Kühlschrankkühle kann den Reifeprozess unterbrechen. Camembert sollte deshalb im Keller oder in der Speisekammer gelagert werden, falls er die gewünschte Reife noch nicht erreicht hat. Reifen Käse kann man dann im Kühlschrank (Käse- oder Gemüsefach) unterbringen.

In Frankreich sind Wein und Käse unzertrennbar. Zu einem guten Tropfen gehört ein erlesenes Stück Käse und davon hat unser Nachbarland ausgesprochen viele, sehr zur Freude vieler Gourmets.

Der **Brie** ist mit dem Camembert eng verwandt. Auch er zählt zu den Weichkäsen mit weißlichem Außenschimmel, hat einen gelblichen Teig und schmeckt mild aromatisch. Auch der Brie war einst ein Rotschmierekäse, der bis zum Ende des 19. Jahrhunderts in bäuerlichen Käsereien hergestellt wurde. Und die Herstellungsverfahren beider Käse unterscheiden sich nur in Details. Freilich ist der Brie viel älter als der Camembert. Die frühesten Berichte stammen vom Anfang des 13. Jahrhunderts. In späterer Zeit galt der tortenförmige Käse als Lieblingskäse vieler Fürstenhäuser. Richtig berühmt wurde er allerdings erst seit dem Wiener Kongress (ab 1814). Europas Fürsten und Chefdiplomaten hatten neben ihrer politischen Aufgabe, Europa neu zu ordnen, genug Zeit für Festessen, Empfänge und Bälle. Fürst Talleyrand, stets bemüht, seine Verhandlungspartner vom politischen Geschäft abzulenken und sie bei guter Laune zu halten, war der Initiator einer Käseparty, bei der es darum ging, den besten Käse der Welt zu wählen. Sechzig Käsesorten standen zur Wahl. Die Gäste probierten eifrig und sachkundig, schließlich gaben sie ihre Stimmen ab. Zum „König der Käse" wurde ein Brie gewählt, der noch heute bekannte **Brie de Meaux**. Französischer Brie kommt heute wie damals hauptsächlich von der Ile de France, der Gegend rings um Paris, und aus der Champagne. Die Milch wird mit *Penicillium candidum* geimpft (zusätzlich besprüht man die geformten Käse später noch einmal mit Pilzkulturen). Den Bruch hebt man schichtweise in Ringformen, die früher aus Holz bestanden und heute aus Edelstahl angefertigt werden. Die Molke fließt von selbst ab und verdunstet an der großen Oberfläche. Der Brie reift etwa vier Wochen lang bei einer Temperatur von elf bis zwölf Grad Celsius. Bei niedrigeren Temperaturen kann die Reifezeit Monate dauern. Wie Camembert wird Brie im Allgemeinen vor Erreichung der Vollreife verkauft (und auch so verspeist). Kenner bevorzugen den besonders aromatischen, voll ausgereiften Brie, der im Übrigen auch leichter verdaulich ist als der halbreife. In Frankreich kommen die ganzen Brie-Torten in den Handel, meist mit regionalen Zusatzbezeichnungen (z. B. Brie de Meaux AOC, Brie de Melun). In Deutschland werden meistens Teilstücke in Form von Tortenstücken verkauft.

Auch wenn **Limburger** und **Romadur** nicht von jedem Käsefreund geschätzt werden, sollte man ihnen eine Chance geben. Denn unter der Rotschmiere, die man übrigens immer abschaben sollte, verbergen sich beste Weichkäse, die mit einem feinen, milden, leicht pikanten Aroma überraschen. Als typische „Brotzeitkäse" zum Bier spielen beide vor allem in Bayern eine große Rolle. Hier dürfen sie auf keiner Dult und auf keinem Bierfest fehlen und wer sich auf die Reise zum berühmten Kloster Andechs aufmacht, wird sich zu dem von Mönchen ausgeschenkten Bier an der Selbstbedienungstheke gern auch einen Romadur-„Backsteinkas" holen. Der **Limburger** hat seinen Namen von der belgischen Stadt und Provinz Limburg bei Lüttich. Seit etwa 1830 wird er auch in Deutschland, vor allem im Allgäu, hergestellt. Woher der **Romadur** seinen Namen hat, ist nicht klar. Manche Käsehistoriker führen ihn auf das französische remoudre (nachmelken) zurück, andere auf den fetten spanischen Schafkäse Ramadon. Romadur wird meist in Stangenform hergestellt, ist mit 150 Gramm Gewicht kleiner als der Limburger, schmeckt von mild und leicht pikant und reift in 8 bis 10 Tagen. Limburger kommt in Stangen- oder Backsteinform in den Handel und ist mit seinem würzig-pikanten Geschmack nach 8 bis 14 Tagen Reifezeit genussreif.

Die Urform des beliebten **Münsterkäses** heißt Munster und wurde erstmals im 7. Jahrhundert in Frankreich von Mönchen zubereitet, die auf beiden Seiten der Vogesen wohnten.

Deshalb heißt er noch heute im Elsass, östlich des Mittelgebirges, **Munster** und in Lothringen, westlich des Gebirgskammes **Géromé**. Aus dem ursprünglichen Herstellungsgebiet, dem Munstertal, ist der Käse längst auch in andere Länder ausgewandert, so in die Bundesrepublik, wo er in Rundlaibform sowohl in der Vollfettstufe als auch in der Rahmstufe hergestellt wird. Guter Münster riecht und schmeckt mild und fein, mit zunehmendem Alter werden die mit gelblichroter Schmiere bedeckten Käse immer pikanter. Die tortenförmige Käsemasse ist weich, geschmeidig und von weißlich-gelber Farbe. Am besten schmeckt er zum Wein. So schrieb Curnonsky, der französische „Prinz der Feinschmecker", über den Münster: „Wein und Käse sind Blut und Milch der Erde und vermitteln zusammen ein Bild ihrer Seele und ihres Charakters". Aber auch als Basis einer Käsesauce hat der Münster seine Qualitäten.

Unter dem Namen Vacherin sind mehrere Käsesorten aus der Westschweiz und dem Osten Frankreichs bekannt. In der Schweiz gibt es beispielsweise den **Vacherin fribourgeois** auch „Vacherin à fondue" genannt. Es ist ein aromatischer, rahmiger Halbhartkäse, der das ganze Jahr über hergestellt und für Fondues verwendet wird. Unter Feinschmeckern wird der **Vacherin Mont d'Or** hoch geschätzt. Da das 1463 m hohe Massiv des Mont d'Or an der Grenze zwischen der Schweiz und Frankreich liegt, nehmen beide Länder für sich in Anspruch, den Käse erfunden zu haben. Wie dem auch sei, die Besonderheit eines Vacherins besteht darin, dass es sich dabei um eine ausgesprochene Winterspezialität handelt: Wenn die Milchmengen zur Herstellung der Gruyèrelaibe nicht mehr ausreichen, stellen die Käser ihre Betriebe auf die Herstellung dieser seltsam aromatischen, weichen, im reifen Zustand fast zerfließenden Weichkäse um, die in Schachteln aus Tannenrinden und mit einem Mindestgewicht von 500 Gramm auf den Markt kommen. Wie bei den meisten Weichkäsen, so wird auch für den Vacherin der aus dem Kessel gehobene nussgroße Bruch nicht mehr oder weniger massiv gepresst, vielmehr gibt man die Masse in gelochte Zylinder, aus dem die Molke abfließen und in dem sich die Masse allmählich setzen kann. Nach rund 25 Minuten hat sich der Bruch bereits so weit verfestigt, dass man den Zylindern die Frischkäserouladen entnehmen und diese in rund fünf Zentimeter dicke Tranchen zerschneiden kann. Dann wird um jede Tranche ein Reif aus Tannenrinde gelegt und dieser mit einem Gummibändchen befestigt. Die Höhe des Reifs entscheidet dabei letztlich über den Molke- und Wasseranteil, der in einem Vacherin verbleibt, wenn die Käse nun in mehreren Lagen, durch Bretter getrennt, unter die Presse kommen, bevor sie nach rund vier bis fünf Tagen und nach einem vorgängigen Salzbad in die Reifekeller der „Affineurs" ausgeliefert werden. Dort, in den großen Käsekellern der Zwischenhändler, erreichen die Vacherins nach rund vier Wochen ihre Reife, nehmen ihre goldgelb-hellbraune Farbe und ihren unverwechselbaren Tannenrindengeschmack an und werden schließlich Stück für Stück in die Spanschachteln verpackt, in denen sie auf den Markt kommen. Einen guten, schön ausgereiften Vacherin erkennt man zunächst an der charakteristischen Welle oder Tolle, die die Oberflächenrinde aufweist. Ob es Ihrem Käsehändler passt oder nicht, Sie sollten also bei jedem Vacherin, den Sie in der Schachtel kaufen, erst den Deckel abheben und schauen, ob der Käse eine gewellte Oberfläche aufweist. Auch ein wenig Käseteig darf sich da zeigen. Der Teig selbst sollte crème-weiß bis elfenbeinfarben sein und mild-aromatisch schmecken. Ein Vacherin Mont d'Or, für den Tannenrinde verwendet wird, hat den Geschmack von Harz; der Käseteig selbst sollte durchgehend sehr weich sein. Ein kreidiger Kern ist verpönt, doch darf der Vacherin anderseits auch nicht zerfließen.

Sauermilchkäse

In bäuerlichen Haushalten wurden die Sauermilchkäse früher für den Eigengebrauch selbst gemacht. Heute kaufen ihn auch viele Bauern fix und fertig aus industrieller Produktion. Trotzdem haftet diesen Käsen immer noch etwas „Handgemachtes" an. Sauermilchkäse bestehen immer aus Sauermilchquark, hergestellt aus Magermilch, weshalb sie mit unter 10 % Fett i. Tr. extrem fettarm sind. Um die Säuerung der Milch zu beschleunigen, werden Kulturen von Milchsäurebakterien zugesetzt, allein oder in Verbindung mit Lab.

Der Quark wird gemahlen, mit Rotschmiere- oder Schimmelpilzkulturen geimpft, in Form gebracht und kurzzeitig gereift. Die Ausformung erfolgt als Flachzylinder oder Stangen Der Verbraucher selbst kann bestimmen, ob er einen Sauermilchkäse mit einer noch nicht gereiften, weißen Mittelschicht bevorzugt oder einen Käse, der schon ziemlich „durch" ist, also aus gleichmäßig speckiger Käsemasse besteht.

Vom Quark abgesehen, ist Sauermilchkäse zweifellos die älteste Käsesorte überhaupt. Die Herstellung in Sauermilchkäsereien scheint aber nicht vor Ende des 18. Jahrhunderts begonnen zu haben. Um 1770 wurden im damaligen Mähren schon **Olmützer Quargel** im Käsereibetrieb hergestellt, seit 1785 ist eine Sauermilchkäserei in Hessen bezeugt. Die Laibe dieses mild-pikant bis pikanten Käses wiegen nur 12 bis 17 Gramm und besitzen eine goldgelbe bis rötlichbraune Oberfläche.

Als Geburtsjahr der **Mainzer Handkäse** gilt 1820, denn eine Bäuerin aus Groß-Gerau soll zu diesem Zeitpunkt den Käse zuerst hergestellt und verkauft haben. Die Laibe wiegen bis zu 125 Gramm und können ebenso wie die anderen Sauermilchkäse Kümmel mit im Teig haben. Ebenso bekannt ist der **Harzer Roller** aus der Gegend von Hildesheim. Die bis zu 125 Gramm schweren Käselaibe haben eine glatte, gold-gelbe bis rötlich-braune Oberfläche über ihrem geschmeidig-festen Teig. Darüber hinaus gibt es beispielsweise noch den österreichischen **Sura** und den **Tiroler Graukäse**, der seinen Namen wohl von den für die Reife verantwortlichen blaugrauen Schimmelpilzen hat.

FRISCHKÄSE

Frischkäse nennt die Käseverordnung den Quark und alle Käsesorten, die aus ihm gewonnen werden und frisch, also ungereift, in den Handel kommen. Ausgangsmaterial ist stets pasteurisierte Käsereimilch. Im Gegensatz zu den meisten anderen Käsesorten müssen Frischkäse auch im Haushalt stets gut gekühlt gelagert werden.

Speisequark kann jeder selber machen. Es genügt, die rohe Milch in einem nicht zu kühlen Raum einige Zeit stehen zu lassen. Milchsäurebakterien aus der Luft sorgen für das Dicklegen. Wenn man die Flüssigkeit, die Molke, absiebt, bleibt Quark zurück. In der Praxis geschieht das aber auch in bäuerlichen Haushalten kaum noch. Speisequark kommt aus den Molkereibetrieben, die dabei stets von Magermilchquark ausgehen. Durch Zusatz von Sahne kann man den mageren Quark dann auf die gewünschte Fettgehaltsstufe einstellen.

Nach der Käseverordnung gibt es nur die Bezeichnungen „Quark" oder „Speisequark". Das ändert nichts an den herkömmlichen landschaftlichen Bezeichnungen. So heißt der Quark in Bayern und Österreich **Topfen**, in Baden **Bibbeleskäs** oder Biberleskäs, in Württemberg **Luckeleskäs**, in Frankfurt **Siebkäs** und am Niederrhein **Klatschkäse**. In Ostpreußen war er als **Glumse** bekannt. Mit dem Speisequark verwandt ist der **Schichtkäse**, bei dem mehrere Schichten Quark mit unterschiedlichem Fettgehalt (und deshalb auch unterschiedlicher Farbe) übereinander geschichtet werden. Vom Schichtkäse ist es nur ein Schritt zu **Rahm-** und **Doppelrahm-Frischkäse**, hergestellt aus Vollmilch mit Sahnezusatz, meist in Quaderform verkauft und in Alufolie verpackt. Doppelrahm-Frischkäse kann bis zu 85 % Fett i. Tr. enthalten, gehört also nicht unbedingt zur Schlankheitskost – was seiner Beliebtheit aber keinen Abbruch tut.

Vorbild des Rahm- und Doppelrahm-Frischkäses waren französische Frischkäse, beispielsweise der **Suisse**, den die Bäuerin Madame Héroult in Villiers in der Normandie zuerst herstellte und nicht nur in der Umgebung anbot, sondern auch auf dem Pariser Großmarkt, in den Halles. Dort begann sich der junge Ange-

Das Futter und weniger die genetische Veranlagerung der Rasse sind für die Inhaltsstoffe und damit für den Geschmack der Milch und des Käses ausschlaggebend. Die Franzosen verstehen es aufs beste, aus Ziegenmilch feinen Weich- und Frischkäse herzustellen.

stellte einer Käsefirma namens Charles Gervais für den Suisse zu interessieren. Gemeinsam mit Madame Héroult gründete er unter seinem Namen in Ferrières in der Normandie eine Käsefabrik, die den Frischkäse weltweit bekannt machte.

Der aus den USA stammende **Cottage Cheese** ist bei uns unter verschiedenen Handelsnamen bekannt. Darunter ist ein feuchter, körniger Frischkäse zu verstehen, der aus gesäuerter Milch hergestellt wird und nur etwa vier Gramm Fett in 100 Gramm Käsemasse enthält – die ideale Kost für Leute, die auf ihre schlanke Linie achten.

Der **Banon** ist eine feine Frischkäsespezialität aus der Provence. Wie bei französischem Ziegenkäse typisch, wird er in Kastanienblätter gewickelt, auch wenn er heute meist aus Kuhmilch besteht. In Frankreich wird er vor dem Verzehr gern mit einem guten Tropfen Schnaps beträufelt. Ein weiterer französischer Gaumenschmaus ist der **Brillant-Savarin**. Er wagt den Übergang von einem Frischkäse zu einem leicht reifenden Weichkäse. Er stammt aus der Normandie und schmeckt mit seinen 75 % Fett i. Tr. sehr cremig. Sein etwa 13 Zentimeter großer Laib wiegt etwa 500 Gramm und reift in ein bis zwei Wochen heran.

Enorme Vielfalt

Neben all den schon erwähnten Köstlichkeiten, die sich aufgrund ihrer Herstellung von der deutschen Käseverordnung katalogisieren lassen, gibt es vor allem in Frankreich und Italien aber auch auf dem Balkan viele Käsesorten, die sich in Aussehen, Milchart und Herstellungsweise von den Standardsorten unterscheiden. Die italienischen Filata-Käsesorten folgen in ihrer Herstellung einen anderen Weg, als etwa der Hartkäsearten, bei dem der Käsebruch gesalzen, geformt und dann zur Reife gebracht wird. Bei dem **Filata-Käse** wird der Bruch mit heißem Wasser gebrüht, geknetet und zusätzlich gezogen (= filare), um erst dann geformt, gesalzen und zur Reife gebracht zu werden. Das bekannteste Beispiel ist der **Mozzarella**. Original-Mozzarella wird aus Büffelmilch hergestellt. Leider gibt es nicht genug davon, die Nachfrage wächst auch im Ausland. So helfen sich die Italiener mit Kuhmilch oder einer Mischung aus beiden Milcharten. Der Begriff „Mozzarella" bezieht sich auf das ursprüngliche Verfahren, die Rohmasse in Handarbeit zwischen Daumen und Zeigefinger portionsweise von der Käsemasse abzuschlagen (mozzare = abschlagen). Mozzarella von guter Qualität duftet aromatisch und schmeckt mild. Er muss stets frisch verbraucht werden. Die auf den Verpackungen angegebenen Namen bezeichnen die Form der Laib. Kugelförmiger Mozzarella heißt „Occhi di Bufalo" (Büffelaugen), eiförmiger dagegen „Uoua di Bufalo" (Büffeleier). Seit Juni 1999 sind auch in der deutschen Käseverordnung die Filata-Käse als eigene Gruppe aufgeführt. Diese umfasst die Standardsorten Provolone, schnittfester Mozzarella und Mozzarella in Salzlake.

In Italien liebt man quarkähnliche Frischkäse wie **Ricotta**, um Pasta zu füllen oder Süßspeisen herzustellen. Ricotta wird aus der Molke gewonnen, die bei der Produktion von Schafkäse anfällt: „Ricotta di pecora". Analog dazu gibt es im Norden des Landes die „Ricotta di vacca" aus Kuhmilchmolke. Zuweilen wird auch die Molke von Ziegenmilch zu Ricotta verarbeitet. Der Begriff „Ricotta" stammt vom lateinischen „recoctus" ab und bedeutet „erneut gekocht". Um das Molkeneinweiß von der Molke zu trennen wird diese nach der eigentlichen Käseherstellung erneut erhitzt, teilweise unter

Zusatz von gesäuerter Molke oder Säuren. Dadurch setzt sich das Molkeneiweiß an der Oberfläche ab, welches zum Abtropfen in Formen gefüllt wird. Ricotta gibt es gesalzen und ungesalzen.

Eine weitere Spezialität Italiens ist der **Mascarpone**, eine Art Rahmfrischkäse, die durch Kochen von Sahne mit Zitronensäure oder Weißweinessig entsteht. Das cremige Produkt ist fester Bestandteil des legendären Tiramisu, jenem feinem Dessert, das gerne bei Feierlichkeiten gereicht wird.

Um seine Haltbarkeit zu verlängern wird in südlichen Ländern frischer **Weichkäse in Salzlake** gelegt. Dadurch verhindert man das Wachstum von Schimmel- und Bakterienkulturen und wirkt einer Austrocknung des Käses entgegen. Unter dem Namen **Feta** schätzen Käsefreunde vor allem das Original aus Schafmilch, doch es gibt auch Feta aus Kuhmilch. Die Heimat des Fetas ist zweifellos Griechenland, wo er möglicherweise schon zu Homers Zeiten als Hirtenkäse eine Rolle spielte. Der Dichter berichtet ausführlich über die Höhle des Zyklopen Polyphem, in der Odysseus und seine Gefährten viele „dicht geflochtene Körbe" mit Käse entdeckten. Polyphem wird von Homer als Vielfraß geschildert. Die Griechen von heute werden es nicht mit ihm aufnehmen wollen, aber sie liegen mit einem Käseverbrauch pro Person von gut 23 Kilogramm jährlich an der Spitze der Weltrangliste der Käseesser.

Schmelzkäse ist ein Erzeugnis, das aus Käse durch Schmelzen unter Anwendung von Schmelzsalzen hergestellt ist. So definiert die deutsche Käseverordnung den Schmelzkäse, der zwar aus Naturkäsen bereitet, aber nicht den Naturkäsen zugerechnet wird. Schmelzkäse ist keine Zufallsentdeckung, sondern er wurde planmäßig entwickelt. Die Erfinder wollten einen haltbaren, transport- und lagerfähigen Käse von immer gleicher Beschaffenheit produzieren. Heute wird Schmelzkäse aus gemahlenem Naturkäse hergestellt, der unter hohem Druck bei Temperaturen um 120 Grad Celsius geschmolzen wird. Zur Gewinnung einer homogenen Käsemasse werden Schmelzsalze, vor allem Natriumphosphate,

eingesetzt. Die Käsemasse wird in Formen gegossen und erstarrt beim Abkühlen. Schmelzkäse ist praktisch, weil er immer in gleicher Konsistenz und mit standardisiertem Geruch und Geschmack auf den Markt kommt. Außerdem ist er besonders gut haltbar. Wer auf ausgeprägten, sortentypischen Käsegeschmack Wert legt, wird sich freilich weniger für ihn begeistern können. Aus Schmelzkäse gibt es viele Zubereitungen, etwa mit Walnüssen oder Kräutern.

Kochkäse besteht aus gereiftem Sauermilchquark, der durch Erhitzen geschmolzen wird. Dabei können Butter, Butterschmalz, Sahne und Gewürze zugesetzt werden.

Müsli

FRISCHKORNMÜSLI
8 EL Hafer
300 g Bioghurt
100 g Quark
2 EL Honig
200 g Johannisbeeren
4 EL Kürbiskerne

FRISCHKÄSEMÜSLI
2 Feigen
2 Äpfel
400 g körniger Frischkäse
50 g Vollkornhaferflocken
40 g Rosinen
gut ¼ Liter Vorzugsmilch
2 Kiwis
2 EL Pinienkerne

HEIDELBEERMÜSLI
200 g Heidelbeeren
1 unbehandelte Zitrone
120 g gekochte Weizenkörner
40 g Rosinen
je 1 Messerspitze Anis, Nelken und Zimt
2 EL Birnendicksaft
500 g Joghurt

FRISCHKORNMÜSLI MIT JOHANNISBEEREN UND KÜRBISKERNEN
Den Hafer grob schroten, mit ¼ Liter Wasser übergießen und über Nacht im Kühlschrank quellen lassen.
Am nächsten Tag Bioghurt, Quark und Honig unter den gequollenen Hafer rühren.
Die Johannisbeeren nach Bedarf waschen und entstielen.
Das Müsli mit Johannisbeeren und Kürbiskernen bestreuen.

FRISCHKÄSEMÜSLI MIT HAFERFLOCKEN
Die Feigen schälen und in Stücke schneiden. Die Äpfel waschen, Kerngehäuse ausstechen und das Fruchtfleisch mit der Schale grob raffeln. Feigenstücke und Apfelraspel zum Frischkäse geben. Haferflocken, Rosinen und Milch unter das Müsli mischen. Die Kiwis schälen und in Scheiben schneiden. Jede Portion Müsli mit Kiwischeiben und Pinienkerne dekorativ anrichten.

HEIDELBEERMÜSLI MIT JOGHURT
Die Heidelbeeren verlesen, waschen und trockentupfen. Die Schale der Zitrone abreiben, den Saft der Frucht ausdrücken und die Heidelbeeren damit beträufeln. Die Zitronenschale, die Weizenkörner, die Rosinen und die Gewürze zufügen und alles mit dem Birnendicksaft süßen. Den Joghurt verrühren und unterziehen.

Zum Frühstück sind vor allem mild schmeckende Käsesorten beliebt. Mit Quark und Frischkäse liegt man dabei voll im Trend, denn sie lassen sich ganz prima mit Getreideflocken, frischem Obst und Samen kombinieren. So geht man gut gestärkt in den Tag.

Feinschmeckersalat

1 kleiner Friséesalat
(krause Endivie)
200 g Tête de Moine
50 g braune Champignons
wenig Zitronensaft

Für die Salatsauce:
1 Schalotte
1 Knoblauchzehe
2 Zweige Petersilie
2 kleine Zweige Dill
3 EL Rotweinessig
Salz
frisch gemahlener Pfeffer
Senfpulver
6 EL Olivenöl

Den Friséesalat waschen, trockenschwenken und etwas zerkleinern. Den Tête de Moine auf einer Girolle oder mit einem Messer zu Röschen schaben. Die Champignons putzen, in dünne Scheiben schneiden und mit Zitronensaft beträufeln. Den Friséesalat, die Käseröschen und die Champignonscheiben auf Tellern oder einer großen Platte anrichten.

Für die Salatsauce die Schalotte schälen und fein hacken. Die Knoblauchzehe schälen und zerdrücken. Die Kräuter waschen, die Petersilie fein hacken, den Dill klein zupfen. Den Essig mit Salz, Pfeffer und Senfpulver verrühren. Das Öl in dünnem Strahl unter Rühren einlaufen lassen. Schalotte, Knoblauch, Petersilie und etwas Dill unter die Sauce rühren.
Die Sauce über den Salat verteilen und mit dem restlichen Dill garnieren.

Der Tête de Moine war schon im letzten Jahrhundert als Dessertkäse beliebt. Auch als kleine Häppchen oder in Form von Salat als Vorspeise eignen sich die dekorativen Käseröschen ausgezeichnet. Sie entstehen, wenn man vom ganzen Käselaib einen Deckel abschneidet und mit einem gezackten Messer den Käse in einer Kreisbewegung von der Schnittfläche abschabt. Einfacher geht dies mit einer „Girolle". Sie besteht aus einem Holzbrett, in dessen Mitte eine Achse aus Metall steckt. Darauf wird der ganze Käse aufgespießt. Mit dem auf der Achse laufenden Messer, das wie eine Kaffemühle mit einer Kurbel gedreht wird, lassen sich in kurzer Zeit die hübschen, kleineren oder größeren Käseblümchen herstellen. Übrigens kann man auch nur einen halben Tête de Moine kaufen (horizontal halbiert). Er ist gut haltbar, wenn man die Schnittfläche immer mit Folie abdeckt.

Bauernsalat

6 Tomaten
1 Gurke
1 grüne Paprika
1 Gemüsezwiebel
100 g Feta (Schafkäse)
Oregano
Salz
frisch gemahlener Pfeffer
1 Handvoll schwarze griechische Oliven
Weinessig
Olivenöl

Die Tomaten waschen, die Stielansätze entfernen und die Früchte je nach Größe vierteln oder achteln, jeden Schnitz dann noch einmal quer halbieren. Die Gurke waschen, schälen, in etwa 1 cm dicke Scheiben schneiden und diese noch einmal halbieren. Die Paprikaschote waschen, vom Stielansatz und von den Kernen befreien und das Fruchtfleisch in schmale Streifen schneiden. Die Zwiebel schälen, in feine Scheiben schneiden und diese in Ringe teilen. Den Feta-Käse in Würfel schneiden und mit Oregano bestreuen. Tomaten- und Gurkenstücke, Paprikastreifen und Zwiebelringe portionsweise auf Tellern anrichten. Mit Salz und Pfeffer bestreuen, die Oliven und die Käsewürfel zufügen. Zum Schluss Essig und Öl nach Geschmack darüber träufeln.

Manch einer verspürt beim Anblick eines Bauernsalats eine tiefe Sehnsucht nach Urlaub. Die Erinnerung an die Sonne Griechenlands wird wach, jene Sonne, die auch die Zutaten für den Salat voll ausreifen lässt. Vor allem bei Tomaten und Paprikaschoten kann man schmecken, ob sie geruhsam an der Pflanze auswachsen durften. Ein guter Bauernsalat besticht durch seine Einfachheit. Frisches Gemüse, herzhafte Oliven und schmackhafter Feta sind sein Geheimnis. Er ist schnell zubereitet und schmeckt mit frisch gebackenem weißen Brot einmalig – eben wie im Urlaub.

Utas Partysalat

knapp ¼ Liter Gemüsebrühe
100 g Sprießkornweizen
1 Friséesalat
4 Tomaten
160 g Schafkäse
½ Bund glatte Petersilie
2 Knoblauchzehen
4 Scheiben Vollkornbaguette
3 EL kaltgepresstes Olivenöl

Für die Salatsauce:
1 Zitrone
Meersalz
frisch gemahlener weißer Pfeffer
8 EL kaltgepresstes Olivenöl
1 TL Kräuter der Provence

60 g Walnusskerne
2 EL Sonnenblumenkerne

Die Gemüsebrühe zum Kochen bringen. Den Sprießkornweizen einrühren und zugedeckt etwa 15 Minuten köcheln. Die Hitzezufuhr ausschalten und den Weizen 30 Minuten quellen lassen. Den Friséesalat putzen, waschen und zerteilen. Die Tomaten waschen, Stielansätze entfernen und das Fruchtfleisch achteln. Den Käse würfeln. Die Petersilie waschen und trockenschwenken. Den Knoblauch schälen. Die Baguettescheiben mit Knoblauch einreiben und in Würfel schneiden. Das Olivenöl erhitzen und die Brotwürfel darin rösten.

Für die Salatsauce die Zitrone auspressen. Zitronensaft, Salz und Pfeffer verrühren. Das Öl in feinem Strahl unter Rühren einlaufen lassen. Die Kräuter unter die Sauce mischen.
Auf vier Teller den Frisée, die Tomaten, die erkalteten Weizenkörner, den Käse und die Petersilie anrichten. Mit Walnuss- und Sonnenblumenkernen bestreuen und mit der Salatsauce übergießen. Die Brotwürfel zum Schluss darauf geben oder separat dazu reichen.

Dieser Salat ist es wert, in das Standardrepertoire eines jeden Hobbykochs aufgenommen zu werden, denn nicht nur zu festlichen Anlässen schmeckt er sehr gut. Sein Geschmack hält, was sein Anblick verspricht.

Obst-Käse-Salat

150 g Edamer
50 g Emmentaler
75 g blaue Trauben
1 säuerlicher Apfel
1 kleine Dose Mandarin-Orangen
50 g Maraschinokirschen

Für die Salatsauce:
1 EL Rosinen
1 cl Sherry
½ Banane
2 EL Zitronensaft
Salz
grüner Pfeffer
1 Becher Joghurt
⅛ Liter Sahne

Beide Käsesorten in Streifen schneiden. Die Trauben waschen, abtrocknen, halbieren und nach Bedarf entkernen. Den Apfel waschen, halbieren, das Kerngehäuse entfernen und das Fruchtfleisch in Würfel schneiden. Die Mandarin-Orangen abtropfen lassen. Die Maraschinokirschen halbieren oder vierteln.

Für die Salatsauce die Rosinen mit Sherry beträufeln und kurz ziehen lassen. Die Bananenhälfte mit einer Gabel zerdrücken, den Zitronensaft untermischen, salzen und pfeffern. Die Rosinen unter das Bananenmus mischen. Den Joghurt zufügen und alles zu einer glatten Sauce verrühren. Die Sahne steif schlagen und unterziehen.
Den Salat in Gläsern anrichten, die Sauce darüber geben und sofort servieren.

Edamer ist längst keine niederländische Spezialität mehr, er wird in vielen Ländern hergestellt, oft mit genauer Herkunftsbezeichnung wie Deutscher Edamer. Junger Edamer – er muss mindestens fünf Wochen alt sein – schmeckt mild und rein. Je älter er wird, desto pikanter wird sein Geschmack. Der Schnittkäse ist eine ideale Salatzutat und passt sich vielen warmen Speisen an. Zum Edamer kann man Bier trinken, doch auch leicht, fruchtige Weiß- und Rotweine passen zu seinem milden Charakter.

Käsebrote
Zucchini im Glas

KÄSEBROTE
1 Knoblauchzehe
4 Scheiben würziges Bauernbrot
200 g Bergkäse oder Emmentaler
100 g Quark
1 Ei
Salz
frisch gemahlener Pfeffer
1 Prise Paprikapulver, rosenscharf

ZUCCHINI IM GLAS
700 g Zucchini
¼ Liter Weinessig
1 EL Salz
3 Knoblauchzehen
2 rote Zwiebeln
Lorbeerblätter
Gewürznelken
bunte Pfefferkörner
etwas Olivenöl

Tipp:
Wer es gerne schärfer hat, kann in feine Streifen geschnittene Chilischoten zwischen die Zucchini schichten.

KÄSEBROTE
Den Backofen auf 220 °C oder den Grill vorheizen. Den Knoblauch schälen und die Brotscheiben damit kräftig einreiben. Den Hartkäse fein reiben und mit dem Quark und dem Ei gut vermischen. Mit Salz, Pfeffer und Paprikapulver würzen. Die Käsemasse auf die Brote streichen und bei starker Oberhitze kurz überbacken. Heiß servieren.

ZUCCHINI IM GLAS
Die Zucchini waschen, trockentupfen, putzen, längs vierteln und würfeln. Die Zucchinistücke zwischen 2 Küchentüchern einen halben Tag liegen lassen, damit die Feuchtigkeit aufgesaugt wird. Für den Sud den Essig mit etwa ¼ Liter Wasser und Salz aufkochen. Die Zucchiniwürfel einlegen und etwa 5 Minuten kochen, das Gemüse soll noch bissfest sein. Knoblauch und Zwiebeln schälen und in dünne Scheiben schneiden. Zucchini aus dem Sud heben und abwechselnd mit Zwiebeln und Knoblauch in Einmachgläser schichten. Pro Glas 1 Lorbeerblatt, einige Gewürznelken und Pfefferkörner zufügen und mit dem heißen Sud aufgießen. Mit Öl abdecken und die Gläser gut verschließen.

Dies ist ein gutes Beispiel wie aus zwei einfach und schnell zuzubereitenden Rezepten ein geschmackliches Erlebnis wird. Da der Sommer in den Bergen nur kurz ist, muss beizeiten die Vorratskammer gut gefüllt werden, um die lange und raue Winterzeit gut zu überstehen. Obst und Gemüse einzumachen ist dort eine Selbstverständlichkeit. In Reih und Glied stehen dann zum Ende des Sommers in den Vorratskammern Marmeladegläser, fein säuberlich beschriftet, eigener Kräuteressig, Suppenwürze, eingelegtes Gemüse und eigene Fruchtsäfte. Doch auch in Stadtwohnungen macht es wirklich Spaß, die Familie und Freunde mit „eigener Herstellung" zu verwöhnen und oft genug dabei zu verblüffen.

Ziegenkäse gratiniert mit Honig und Speck

300 g Ziegenfrischkäse in Rollenform
20 g Honig
1 Messerspitze Senfpulver
1 TL frisch gehackter Thymian
1 TL frisch gehackter Rosmarin
40 g fein geriebenes Weißbrot
1 Kopf Blattsalat der Saison
80 g Speckwürfelchen

Für die Marinade:
2 EL Rotweinessig
Salz
frisch gemahlener Pfeffer
4 EL Traubenkernöl

Den Ziegenkäse in 12 Scheiben schneiden. Den Honig mit dem Senfpulver verrühren und die Kräuter dazugeben. Den Ziegenkäse mit dem Honig-Kräuter-Gemisch bestreichen und mit dem Weißbrotmehl bestreuen. Den Salat putzen und waschen. Die Speckwürfelchen in einer beschichteten Pfanne ohne Fettzugabe kurz anbraten, herausnehmen und auf Küchenkrepp abtropfen lassen.

Für die Marinade den Rotweinessig mit Salz und Pfeffer verrühren. Das Traubenkernöl unter ständigem Rühren langsam einlaufen lassen.
Den Grill vorheizen. Die vorbereiteten Käsescheiben auf ein mit Backpapier ausgelegtes Backblech platzieren und unter dem Grill rasch goldbraun überbacken. Den Käse auf Tellern anrichten, mit etwas Salat umlegen, den Speck darüber streuen und das Ganze mit der Marinade üppig beträufeln.

Käse aus Ziegenmilch wird von immer mehr Feinschmeckern wieder entdeckt. Heute ist Ziegenkäse eines der Produkte, die davon zeugen, dass man bereit ist, in der Landwirtschaft neue Wege zu gehen und dabei jede auch noch so kleine Nische zu besetzen. Und eine ständig wachsende Zahl von Verbrauchern interessiert sich für die naturbelassenen und ohne unnötige Zusätze hergestellten Lebensmittel, die man in Hofläden und immer häufiger auf Wochenmärkten findet.

Kräftig gewürzt mit Käse

KÄSEBÄLLCHEN
80 g Blauschimmelkäse
10 g Mehl
10 g Kartoffelmehl
⅛ Liter süße Sahne oder
125 g Crème fraîche
40–50 g Paniermehl
1 Ei
1 EL Schnittlauchröllchen
Salz
frisch gemahlener Pfeffer
einige Salatblätter
gut ½ Liter Olivenöl zum Ausbacken

OMELETT MIT ROQUEFORT UND WALNÜSSEN
8–10 Walnüsse
8 Eier
100 g Roquefort
4 cl Noilly Prat (französischer Wermut)
Salz
frisch gemahlener Pfeffer
4 TL Öl, vorzugsweise Walnussöl
4 TL Butter
1 Päckchen Kresse

KÄSEBÄLLCHEN

Käse, beide Mehle, Fett, Paniermehl und Ei mit dem Handmixer oder in der Küchenmaschine verrühren. Die Schnittlauchröllchen untermischen, salzen und pfeffern. Die Masse abdecken und 20 Minuten stehen lassen.
Die Salatblätter waschen und trockenschwenken. Das Olivenöl in einem kleinen Topf erhitzen. Mit 2 Teelöffeln kleine Nocken aus der Käsemasse abstechen und portionsweise schwimmend in dem heißen Öl in etwa 5 Minuten ausbacken. Die Bällchen herausnehmen und auf Küchenkrepp abtropfen lassen.
Eine Platte mit den Salatblättern auslegen, die Käsebällchen dekorativ darauf anrichten und sofort servieren.

*O*b Roquefort, Gorgonzola oder ein ganz anderer, der Blauschimmelkäse gibt hier mit seinem herben, pikanten Geschmack den Ton an. Die Käsebällchen sind gleichermaßen für eine Vorspeise wie auch als Snacks geeignet. Ein besonderer Genuss sind sie, wenn sie frisch ausgebacken gereicht werden.

OMELETT MIT ROQUEFORT UND WALNÜSSEN

Die Nüsse knacken und die Kerne hacken. Die Eier in einer Schüssel aufschlagen und verquirlen. Die Nüsse, den zerbröckelten Roquefort und den Noilly Prat zufügen und unterrühren. Mit Salz und Pfeffer würzen.
Eine Pfanne von 16 bis 18 cm Durchmesser erhitzen. Jeweils erst 1 Teelöffel Olivenöl hineingeben, dann 1 Teelöffel Butter. Die Eiermischung portionsweise hineingießen und jeweils einige Minuten bei mäßiger Temperatur garen, bis der Rand fest wird. Das Omelett vorsichtig wenden, herausnehmen und auf einen vorgewärmten Teller geben. Schnell die anderen Omeletts backen. Mit Kresse garniert servieren.

*M*it dieser „Omelette quercynoise" aus Frankreich wird der Beweis erbracht, dass Vorspeisen nicht unbedingt Fisch oder Fleisch zum Thema haben müssen. Auch mit Eiern lassen sich herrliche Gerichte zubereiten. Roquefort, ein aus Schafmilch hergestellter Blauschimmelkäse, verleiht dem Omelett einen besonderen, pikanten Geschmack.

KÄSESÜLZCHEN

Für 4 Portionsförmchen

1 Päckchen Gelatinepulver
375 ml klare Fleischbrühe
⅛ Liter Wein, Sherry oder Portwein
1 kleine Möhre
1 Essiggurke
1 Zweig glatte Petersilie
100 g Emmentaler
100 g Appenzeller
50 g Schnitt- oder Kopfsalat

Für die Sauce:
1 Zweig Estragon
2 EL Apfelessig
1 Tupfer Senf
Salz
frisch gemahlener Pfeffer
4 EL Sonnenblumen- oder Traubenkernöl

Die Gelatine in wenig kaltem Wasser einweichen und in etwa 10 Minuten aufquellen lassen. Die Fleischbrühe aufkochen, nach Bedarf durch ein Tuch seihen und mit dem Wein vermischen. Die Gelatine in der heißen Brühe auflösen. Die Sülzflüssigkeit in die Portionsförmchen etwa 1/2 cm hoch einfüllen und diesen Sulzspiegel im Kühlschrank erstarren lassen. Die restliche Sülzflüssigkeit bei Zimmertemperatur stehen lassen. Die Möhre schaben, in Scheiben schneiden, in Salzwasser weich kochen, herausheben und auskühlen lassen. Die Essiggurke längs halbieren und in Scheiben schneiden. Die Petersilienblätter von dem Stängel zupfen. Möhren- und Essiggurkenscheiben sowie die Petersilienblätter dekorativ auf die Sulzspiegel in den Förmchen legen. Beide Käsesorten in Würfel schneiden, vermischen und so auf der Garnitur verteilen, dass ein Rand frei bleibt.
Die Förmchen mit Sülze auffüllen und über Nacht im Kühlschrank fest werden lassen.
Am nächsten Tag die Salatblätter waschen, trockenschwenken und auf vier Teller legen.

Für die Salatsauce die Estragonblätter hacken. Essig, Senf, Salz und Pfeffer miteinander verrühren. Das Öl unter Rühren in dünnem Strahl einlaufen lassen. Den Estragon untermischen. Die Sauce über den Salat verteilen. Zum Herausnehmen die Förmchen vorher kurz in heißes Wasser tauchen und die Sülzchen neben die Salatblätter stürzen.

*S*ülzchen sind eine ideale und entsprechend beliebte Ergänzung zu kalten Platten. Diese frischen, kühlen Gelée-Kreationen eignen sich deshalb besonders gut als Bestandteil eines sommerlichen Büfetts. Dies um so mehr, als sie auch eine Augenweide sind: Die hübsch angeordneten Zutaten in der Aspikmasse wirken äußerst dekorativ. Der Phantasie sind keine Grenzen gesetzt, praktisch alles lässt sich in Sülze zubereiten, die darüber hinaus auch konservierend wirkt, so dass die Sülzchen auch einen Tag im Kühlschrank aufbewahrt werden können. Beliebt sind Kombinationen von Fleisch, Eiern und verschiedenem Gemüse. Hier ein Beispiel mit Schweizer Käse.*

Spargel im Käseteig

Für den Teig:
120 g Mehl
60 g geriebener Appenzeller
2 Eier
200 ml Weißwein
2 EL Öl
Salz
frisch gemahlener Pfeffer
2 Eiweiße

Für die Kräutersauce:
2 Schalotten
½ Bund Kräuter (Petersilie, Kerbel, Majoran, Dill)
180 g saure Sahne
2 EL Weißwein
Salz
frisch gemahlener Pfeffer

24 Stangen grüner oder weißer Spargel
Öl zum Frittieren

Für den Teig das Mehl in eine Schüssel sieben und mit Käse, Eier, Wein, Öl, Salz und Pfeffer zu einem leicht flüssigen, glatten Teig rühren. Den Teig nur kurz rühren, sonst wird er beim Backen zäh. Den Teig bei Zimmertemperatur 20 Minuten ruhen lassen.

Für die Kräutersauce die Schalotten schälen und fein hacken. Die Kräuter waschen, trockenschwenken und fein hacken. Beide Zutaten mit saurer Sahne und Wein vermischen, salzen und pfeffern.
Grünen Spargel nur unten frisch anschneiden. Weißen Spargel putzen und die Stangen schälen. Spargel in kochendem Salzwasser 5 Minuten blanchieren und herausheben. Die Stangen je nach Länge halbieren oder dritteln. Das Eiweiß steif schlagen und unter den Teig heben. Das Öl zum Frittieren erhitzen. Den Spargel durch den Teig ziehen und portionsweise im heißen Öl schwimmend goldbraun backen. Herausheben und abtropfen lassen. Mit der Sauce servieren.

*I*m Teig Ausgebackenes kann man ausgezeichnet als Appetithäppchen zum Aperitif reichen. Gut geeignet dafür sind Auberginenscheiben, zuvor blanchierte Broccoliröschen oder auch Champignons. In der Schweiz beliebt sind die so genannten „Müsli": Große Salbeiblätter werden in Ausbackteig getaucht und frittiert. Der Stiel der Blätter sieht dann aus wie der Schwanz eines Mäuschens. Eine frühlingshafte Variante sind frittierte Holunderblüten, die man mit einem leicht gesüßten Teig zubereitet. Besonders apart schmeckt jedoch ausgebackener Spargel, dem der Käse im Teig eine pikante Note verleiht.

Handkäs mit Musik

Für die Marinade:
2 EL Essig
Salz
frisch gemahlener Pfeffer
4 EL Speiseöl
Kümmel nach Belieben

200 g Handkäse
2 Zwiebeln
frisch gehackte Petersilie

Für die Marinade den Essig mit Salz und Pfeffer verrühren, bis sich das Salz aufgelöst. Das Öl unter Rühren in dünnem Strahl einlaufen lassen und den Kümmel untermischen. Die Marinade 1 Stunde bei Zimmertemperatur ziehen lassen.
Den gut gereiften, nicht harten Handkäse in nicht zu dünne Schieben schneiden.
Die Zwiebeln schälen und in Ringe schneiden. Den Handkäse auf Teller verteilen und mit den Zwiebelringen belegen. Die Marinade darüber geben.
Dazu frisches, ofenwarmes Brot, mit Butter bestrichen, reichen.

In Rheinhessen liebt man den **Spundekäs**. Dazu 250 Gramm Quark mit ¼ Liter saure Sahne gut vermischen. Eine feingehackte Zwiebel, Salz, Pfeffer und 1 Teelöffel mildes Paprikapulver untermischen und 30 Minuten ziehen lassen.

Kein Besucher Frankfurts sollte es versäumen, einmal in einer der vielen gemütlichen kleinen Wirtschaften die typische Spezialität Handkäs mit Musik zu probieren. Traditionell wird dazu „Äbbelwoi" oder „Ebbelwei" gereicht, der beliebte Apfelmost. Der Beiname des Gerichts „mit Musik" kann keiner so recht erklären. Ob es die Zwiebeln sind, die man mit dem Messer auf die Brotscheibe legt und zum kalorienarmen, flachen Sauermilch-Weichkäse isst, oder doch der Äbbelwoi gemeint ist, der so manchen Wirtshausgast zu fröhlichen Gesängen animiert, sei dahingestellt.

Fränkischer Kochkäse, Biberleskäs

FRÄNKISCHER KOCHKÄS
¾ Liter Vollmilch
2 Eier
Salz
frisch gemahlener Pfeffer
1 TL Hirschhornsalz

BIBERLESKÄS
500 g Vollmilchquark
¼ Liter süße Sahne
Salz
frisch gemahlener Pfeffer
1 Zwiebel
1 Bund Schnittlauch
½ Bund Petersilie

FRÄNKISCHER KOCHKÄS
Die Vollmilch warm stehen lassen, bis sie sauer und dick geworden ist. Die Masse anschließend gut durchmixen.
Eier, Salz und Pfeffer in einem Topf verrühren. Den „Käse" zufügen und vorsichtig erhitzen, aber nicht kochen! Hirschhornsalz zufügen und fest rühren, bis eine glatte Masse entstanden ist. Eine Porzellanschüssel mit kaltem Wasser ausspülen und die Masse einfüllen. Zwei Tage mit einem Geschirrtuch zugedeckt stehen lassen und dann mit Bauernbrot und Kümmel servieren.

BIBERLESKÄS
Den Quark und die Sahne gut verrühren, salzen und pfeffern. Die Zwiebel schälen und fein hacken. Die Kräuter waschen, den Schnittlauch in Röllchen schneiden und die Petersilie fein hacken.
Zwiebel und Kräuter unter die Käsemasse rühren.
Dazu Bauernbrot oder frische Kartoffeln reichen.

Käs ist nicht gleich Käs! Die regionalen Spezialitäten Kochkäs und Biberleskäs aus Franken zeigen dies deutlich. Biberleskäs hat seinen Namen von den Küken, den Biberle. Er war ein Nebenprodukt der ländlichen Milchwirtschaft und wurde auch zur Aufzucht der kleinen Hühner verwendet. Man gab kleingehackte Brennnesseln oder Kräuter dazu. Ein geschmackliches Erlebnis, auch für die Menschen, und dazu frische Pellkartoffeln – Ein Genuss, damals, heute, immer.

OBATZDA

250 g Camembert
30 g Butter
1 kleine Zwiebel
2 TL gemahlener Kümmel
½ TL frisch gemahlener Pfeffer
1 Prise Salz
2 TL Paprikapulver, edelsüß

Den Käse grob zerschneiden, die Butter zufügen und beides mit einer Gabel oder einem Rührstab zu einer geschmeidigen Masse verarbeiten. Die Zwiebel schälen und fein hacken oder reiben und unter die Käsemasse geben. Kümmel, Pfeffer, Salz und Paprikapulver zufügen und alles gut miteinander vermischen.
Dazu Landbrot, frische Brötchen und/oder Brezeln und Bier reichen.

Abwandlungen
Um den Käse noch pikanter zu machen, kann man den Camembert durch Limburger oder Romadur ersetzen, beziehungsweise diese deftigen Weinkäsesorten untermischen. Wer es eher milder mag, der kann den Obatzda mit Doppelrahm-Frischkäse strecken. Um den Käse etwas geschmeidiger zu machen, kann man auch nur etwas Bier untermischen, zumal es ja sowieso dazu getrunken wird ...

Ein „Obatzda" ist ein „angepatzter", ein angemachter Käse. Die Grundlage bildet der Camembert, der mit geschmacksgebenden Zutaten erfinderisch angereichert wird. Der Camembert ist zwar französischen Ursprungs, doch er hat sich längst zu einer weltweit verbreiteten Käsespezialität entwickelt. In Deutschland wird er seit dem 19. Jahrhundert in großen Mengen hergestellt, und zwar nach dem französischen Verfahren und mit dem Original-Schimmelpilz Penicillium candidum. Es gibt nur einen wesentlichen Unterschied: In Frankreich wird oft auch noch rohe Kuhmilch zu Camembert verarbeitet, in Deutschland fast nur pasteurisierte Milch. Camembert gibt es in allen Fettstufen von Dreiviertelfett bis Doppelrahm. Dementsprechend ist auch der Geschmack des reifen Käses unterschiedlich: je fetter, desto delikater. Einen noch nicht durchgereiften Camembert lagern Sie am besten im kühlen Keller oder der Speisekammer, nicht im Kühlschrank. Für diese bayerische Spezialität ist er gut reif am besten.

Feta und Kräuter im Teig

Für etwa 36 Teigtaschen

Für die Füllung:
½–1 Bund glatte
Petersilie
1 Bund Minze
1 Bund Schnittlauch
200 g Feta
1 Ei

Für den Teig:
60 ml Butter
60 ml Öl
Salz
250 g Mehl

1 Eigelb und 1 EL Milch
zum Bestreichen
2 EL Sesamsamen
Butter für das Blech

Für die Füllung die Kräuter waschen und trockentupfen. Die Blättchen von Petersilie und Minze von den Stielen zupfen und hacken, den Schnittlauch in Röllchen schneiden. Den Feta zerdrücken und mit den Kräutern und dem Ei mischen.

Für den Teig die Butter am besten in der Mikrowelle schmelzen lassen oder im Wasserbad zerlaufen lassen. Das ebenfalls temperierte Öl und 60 ml warmes Wasser zufügen, salzen. Das Mehl sieben und unter Rühren in die Flüssigkeit schütten und so lange weiter rühren, bis sich ein Kloß am Topfboden gebildet hat. Den Teig herausnehmen, kurz durchkneten, vierteln und dünn ausrollen. Kreise von etwa 7 bis 8 cm Durchmesser ausstechen und jeweils 1 Teelöffel Füllung darauf geben. Eine Teighälfte umschlagen, so dass ein Halbmond entsteht. Die Ränder fest zusammendrücken. Mit einer Gabel ringsherum einkerben, um einen schönen Rand zu erzielen. Den Backofen auf 190 °C vorheizen. Ein Blech leicht einfetten und die Teigtaschen darauf legen.

Das Eigelb mit Milch verquirlen, die Teigtaschen damit bestreichen und mit Sesam bestreuen. Das Blech in den Backofen geben und die Teigtaschen etwa 40 Minuten backen. Warm schmecken sie am besten.

Solch feine Teigtaschen sind ideal für ein sommerliches Gartenfest, ein Büfett oder auch als herzhafter Snack am Abend. Die Kombination von Minze und Schnittlauch sorgt für eine erfrischende Note, die gut zum Schafkäse passt.

Malakoffs de Vinzel

Für die Käsemasse:
1 Knoblauchzehe
200 g geriebener reifer Gruyère
200 g geriebener Jura-Bergkäse oder Raclette-Käse
2 EL Mehl
3-4 EL Weißwein (Vinzel)
2 EL gehackte Petersilie
2 Eier
Salz
frisch gemahlener Pfeffer
Muskatnuss

Für das Brot:
1 weißes Kastenbrot oder
1 rundes Toastbrot
1 Eiweiß

Öl zum Backen

Für die Käsemasse den Knoblauch schälen und durch eine Knoblauchpresse in eine Schüssel drücken. Beide Käsesorten, das Mehl, den Wein, die Petersilie und die Eier zufügen. Alles zu einer kompakten Käsemasse vermischen und mit Salz, Pfeffer und Muskatnuss pikant würzen.

Für das Brot den Brotlaib in Scheiben schneiden. Das Eiweiß leicht schlagen und die Brotscheiben damit auf einer Seite bestreichen. Die Käsemasse bergartig darüber streichen.
In einer Fritteuse oder einem hohen Topf genügend Öl erhitzen. Die Brotschnitten portionsweise mit der Käseseite nach unten im heißen Öl schwimmend goldbraun backen. Herausheben und abtropfen lassen. Dazu passt frischer Salat.

Die Kombination von Brot und heißem Käse ist in der Schweiz sehr beliebt. Je nach Landesgegend wird sie abgewandelt und durch weitere Zutaten ergänzt. Grundsätzlich lassen sich aber zwei Zubereitungsarten unterscheiden. Da gibt es Brote die als Belag Käsescheiben mit beliebigen weiteren Zutaten wie Schinken, Tomaten, Pilzen, Zwiebeln erhalten und im sehr heißen Backofen überbacken werden, bis der Käse schmilzt. Häufig krönt man das Ganze noch mit einem Spiegelei. Die andere Art besteht darin, aus geriebenem Käse mit Eiern und verschiedenen Zutaten eine Masse herzustellen, die Brotscheiben damit zu bestreichen und sie dann mit der Käseseite nach unten in heißem Öl schwimmend zu backen. Zu dieser Sorte gehören die Malakoffs de Vinzel. Den feinen Weißwein aus dem Schweizer Kanton Waad sollte man selbstverständlich dazu genießen.

Stilton-Terrine

Für eine Kastenform von 1 Liter Inhalt

125 g essfertige, eingeweichte Backpflaumen
5 cl Portwein
150 g Stilton
¼ Liter Hühner- oder Gemüsebrühe
1 Päckchen gemahlene Gelatine
⅛ Liter süße Sahne
1 Eiweiß
1 Prise Salz

Für den Salat:
4 kleine, rote Tafeläpfel
4 kleine Frühlingszwiebeln

Für die Vinaigrette:
1 hart gekochtes Ei
2 Schalotten
Schnittlauch
Petersilie
Essig
Öl
Senfpulver
Salz
frisch gemahlener Pfeffer

Die Backpflaumen mit dem Portwein begießen und zugedeckt über Nacht einweichen lassen. Am nächsten Tag den Käse mit einer Gabel zerdrücken und mit der Hälfte der Brühe im Mixer pürieren. Die restliche Brühe erhitzen. Die Gelatine in wenig kaltem Wasser kurz einweichen, in die heiße Brühe rühren und darin auflösen. Beide Brühemischungen in einer Schüssel miteinander verrühren und so lange kalt stellen, bis das Ganze fest zu werden beginnt.
Die Pflaumen mit der Flüssigkeit in einem kleinen Topf zugedeckt bei sehr schwacher Hitze 10 Minuten garen; sie sollten nun die gesamte Flüssigkeit aufgenommen haben. Beiseite stellen.
Die Sahne schlagen, bis sie cremig, aber noch nicht steif ist. Das Eiweiß mit wenig Salz steif schlagen. Die abgekühlten Pflaumen entsteinen und sehr fein hacken. Die Form einfetten. Unter die fest werdende Käsemasse zuerst die Sahne, dann den Eischnee unterziehen. Die Hälfte dieser Mischung in die Form gießen und kalt stellen. Wenn die Masse etwas fest geworden ist, die gehackten Pflaumen darüber streuen und vorsichtig in die Oberfläche drücken. Die restliche Käsemischung darauf gießen und kalt stellen, bis sie fest ist. Zum Anrichten die Kastenform kurz in heißes Wasser tauchen, die Terrine stürzen und in 2,5 cm dicke Scheiben schneiden.

Für den Salat die Äpfel waschen, vierteln, Kerngehäuse entfernen und das Fruchtfleisch in Scheiben schneiden.

Für die Vinaigrette das Ei fein würfeln, Schalotten, Schnittlauch und Petersilie fein hacken und mit den restlichen Zutaten verrühren. Apfel- und Zwiebelscheiben untermischen. Je zwei Scheiben Terrine mit etwas Salat auf Tellern anrichten und servieren.

Portwein und Stilton gehen schon seit Generationen gute geschmackliche Kombinationen ein. Aus der Not heraus, dass im 17. Jahrhundert Strafzölle auf französische Waren erhoben wurden, suchten englische Weinhändler im verbündeten Portugal nach vollmundigen Rotweinen. Für die langen Seereisen versetzten sie diese Weine mit Brandy und der Portwein war geboren.

Überbackene Zwiebelsuppe

Für 4 bis 6 Portionen, je nach Tassengröße

500 g Zwiebeln
1 EL Butter
1 Liter Fleischbrühe
2 EL Butterschmalz
4-6 dünne Weißbrotscheiben, am besten Baguette
200 ml trockener Weißwein
Salz
frisch gemahlener Pfeffer
frisch geriebene Muskatnuss
100 g geriebener Käse z. B. Comté oder Gruyère

Die Zwiebeln schälen, in dünne Scheiben und diese in feine Streifen schneiden. Die Butter zerlassen und die Zwiebelstreifen darin anziehen lassen. 2 Esslöffel Fleischbrühe zufügen, zudecken und etwa 30 Minuten dünsten. Sie dürfen hellgelb, aber nicht dunkel werden, sonst schmecken sie bitter. Ab und zu wenden. Butterschmalz erhitzen und die Brotscheiben darin beidseitig hellbraun rösten.
Den Weißwein über die Zwiebeln gießen und etwas verdampfen lassen. Restliche Brühe zugießen und aufkochen lassen. Mit Salz, Pfeffer und Muskatnuss würzen. Den Backofen mit Oberhitze auf 220 °C oder die Grillschlange vorheizen. Die Suppe in vorgewärmte Suppentassen geben, je eine Brotscheibe darauf legen und mit Käse bestreuen. Die Zwiebelsuppe kurz überbacken, bis der Käse schmilzt.
Sollten nicht alle Tassen gleichzeitig im Backofen Platz haben, die Brotscheiben mit dem Käse immer erst kurz vor dem Überbacken auf die Suppe legen, damit sie obenauf schwimmen und nicht in der Suppe versinken.

D*iese „gratinée des halles" ist ein altes Rezept aus der Ile-de-France. Sie wurde von den Gemüsebauern der Umgebung nach Paris gebracht, wo sie ihre Produkte in den legendären „halles" feilboten. Bald bürgerte sie sich in den rundum liegenden kleinen Bistros ein, wo sie frühmorgens von ausgehfreudigen Parisern und ausgelassenen Touristen inmitten von Gemüse- und Fischhändlern, Metzgern und Lastwagenfahrern mit Heißhunger verzehrt wurde.
Da war die Gratinée gerade das richtige Magenpflaster. Allerdings geriet sie dort etwas üppiger, weil sie mit Mehl gebunden wurde, was in diesem Rezept bewusst ausgelassen wurde. In den Bistros der „halles" gab manch einer auch noch einen Schluck Cognac aus der Wamsflasche hinein oder verlangte sie mit zwei aufgeschlagenen Eiern. Heute ist die Zwiebelsuppe in ganz Paris und vielerorts in Frankreich zu einem traditionellen Bistrogericht geworden.*

KÄSESUPPEN

KÄSEBÄLLCHEN IN GEMÜSEBRÜHE
2 Vollkornbrötchen vom Vortag
¼ Liter warme Milch
1 kleine Zwiebel
½ Bund Petersilie
1 Zweig Majoran
10 g Butter
120 g geriebener Gruyère
1 verquirltes Ei
1 gestrichener EL Mehl
2 EL Paniermehl
Salz
frisch gemahlener Pfeffer
wenig Muskatnuss
1,3 Liter heiße Gemüsebrühe

URNER KÄSESUPPE
3 Brötchen
40 g Butter
1 Liter kochende Brühe oder Wasser
Salz
1 TL Kümmel
100 g Sbrinz
3 EL süße Sahne
⅛ Liter Milch
frisch gehackte Petersilie

KÄSEBÄLLCHEN IN GEMÜSEBRÜHE
Die Brötchen in kleine Würfel schneiden, in einer Schüssel mit der warmen Milch übergießen und 5 bis 6 Minuten ziehen lassen. Die Zwiebel schälen und fein hacken. Petersilie und Majoran waschen, trockenschütteln und ebenfalls fein hacken. Die Butter erhitzen und die Zwiebelwürfel darin glasig braten. Die Kräuter zufügen, kurz mitdünsten und auskühlen lassen.
Brotmasse, Zwiebelmischung, Käse, Ei, Mehl und Paniermehl mischen, würzen und alles zu einem geschmeidigen Teig verarbeiten. Mit nassen Händen aus der Masse walnussgroße Kugeln formen. Salzwasser zum Kochen bringen, die Hitze reduzieren, die Käsebällchen einlegen und etwa 10 Minuten ziehen lassen. Die Käsebällchen herausnehmen und in der heißen Gemüsebrühe servieren.
Die Bällchen können auch in der Gemüsebrühe gegart werden, allerdings wird diese dann trüb.

URNER KÄSESUPPE
Die Brötchen zerbröckeln oder in kleine Würfel schneiden. Die Butter erhitzen, das Brot darin anrösten und mit Brühe oder Wasser aufgießen. Mit Salz und Kümmel würzen und bei geringer Hitze etwas aufquellen lassen. Den Käse in eine Suppenschüssel reiben und mit Sahne und Milch anrühren. Die kochende Brotsuppe zufügen. Mit Petersilie bestreuen, nach Bedarf salzen und sofort servieren.

*K*äsesuppen sind ein nahrhaftes Essen, das keine große Arbeit macht. Für diese Rezeptbeispiele eignen sich alle Arten von Hartkäse, statt Gruyère oder Sbrinz können es auch Bergkäse, Emmentaler, Comté, Parmesan oder Grana Padano sein.

Artischocken mit Comté-Füllung

4 große Artischocken
Zitronensaft
Salz
frisch gemahlener Pfeffer
250 g Comté
1 Bund Petersilie
1 Knoblauchzehe
5 EL Olivenöl

Die Artischocken waschen, die Stiele abschneiden, die obersten Blattspitzen kappen und die untersten vier Blätter entfernen. Alle Schnittstellen mit Zitronensaft einreiben, damit sie durch Oxidation an der Luft nicht braun werden. Die Artischocken in leicht gesalzenes und gesäuertes, siedendes Wasser geben und 10 Minuten vorkochen. Das Gemüse herausheben, abtropfen und abkühlen lassen. Das „Heu" von den Artischockenböden entfernen und die Blätter wie einen Blütenkelch schön auseinander spreizen. Die Artischocken innen salzen und pfeffern.
Den Käse in feine Streifen schneiden, in die Artischocken geben und dabei auch einige Streifchen zwischen die Blätter stecken. Die Petersilie waschen, trockenschwenken, fein hacken und auf die Artischocken streuen. Den Knoblauch schälen und durch eine Knoblauchpresse auf die Artischocken drücken.
3 Esslöffel Olivenöl in einem großen Topf erhitzen, die Artischocken eng nebeneinander hineinsetzen und kurz andünsten. Restliches Öl in die Artischocken träufeln. Mit etwa ⅛ Liter heißem Wasser ablöschen und die Artischocken zugedeckt bei schwacher Hitze etwa 50 Minuten schmoren. Bei Bedarf heißes Wasser nachgießen.
Die Artischocken auf eine vorgewärmte Platte geben und mit dem Kochsud begießen. Dazu passt Kalb- oder Geflügelfleisch und als Getränk ein französischer Weißwein.

Comté muss mindestens sechs Monate lagern, bevor er angeschnitten werden darf. Nicht jeder Hersteller ist dazu in der Lage, große Käsemengen für so lange Zeit unterzubringen. Deshalb entwickelte sich in Frankreich der Beruf des Käselagerers, des Affineurs. Affineure übernehmen von den Herstellern unreifen Comté und lassen ihn in ihren geräumigen Kellern unter Aufsicht in aller Ruhe ausreifen.

Mallorquinischer Auberginen-Auflauf

etwa 350 ml Milch
3 Scheiben Weißbrot oder
2 Brötchen
3 Auberginen von
je etwa 250 g
125–150 ml Olivenöl
Salz
frisch gemahlener Pfeffer
½ TL Paprikapulver,
edelsüß
3–4 Eier
2 Messerspitzen Zimt
70 g frisch geriebener
Manchego

Butter für die Form

Die Milch erhitzen. Das Weißbrot oder die Brötchen klein schneiden und mit der Milch übergießen. Die Auberginen waschen, putzen und in Würfel schneiden. Das Olivenöl in einer weiten Pfanne erhitzen und die Auberginenwürfel darin in zwei Portionen unter häufigem Wenden 8 bis 10 Minuten braten. Mit Salz, Pfeffer und etwa der Hälfte des Paprikapulvers würzen.
Den Backofen auf 190-200 °C vorheizen. Eine feuerfeste Auflaufform – die Mallorquiner nehmen eine greixonera – mit Butter ausstreichen und die Auberginen hineinfüllen.
Das eingeweichte Brot mit einer Gabel zerdrücken oder mit dem Schneidstab des Handrührers pürieren. Die Brotmasse auf die Auberginen streichen.
Die Eier verquirlen und mit Salz, Pfeffer, dem restlichen Paprikapulver und Zimt würzen. Die Eiermasse über die Zutaten in der Form gießen und mit dem Käse bestreuen. Den Auflauf im Backofen in etwa 25 Minuten überbacken. Sollte die Oberfläche zu dunkel werden, eventuell mit Folie abdecken oder die Temperatur etwas absenken.

Reife Auberginen erkennt man daran, dass die Schale auf leichten Fingerdruck nachgibt. Das Fruchtfleisch und die essbaren Kerne sollten weiß sein. Damit das weiße Fruchtfleisch sich nicht braun färbt, können die Schnittstellen mit Zitronensaft benetzt werden. Frische Auberginen sollte man schnell verbrauchen. Eine kurzfristige Lagerung an einem kühlen Ort schadet ihnen nicht, doch ist der Kühlschrank ungeeignet – die Schalen werden schnell fleckig und das Fruchtfleisch braun. Unreife Früchte sind ungenießbar und sollten nicht roh verzehrt werden, da sie größere Mengen des giftigen Solanins enthalten.

Sizilianischer Broccoli-Topf

1 kg Broccoli
20 schwarze Oliven
6 Sardellenfilets
75 g Caciocavallo piccante (ersatzweise ein anderer pikanter halbfetter Käse)
2 Zwiebeln
8 EL Olivenöl
Salz
1 Glas Rotwein

Den Broccoli waschen, putzen, in Röschen teilen und dabei den Strunk und harte Blätter entfernen. Die Oliven halbieren und die Kerne entfernen. Die Sardellenfilets fein hacken. Den Käse in dünne Scheiben schneiden. Zwiebeln schälen und fein hacken.
Die Broccoliröschen schichtweise in einen Topf oder einer Stielkaserolle mit Deckel geben und auf jeder Schicht etwas von den Oliven und Sardellen verteilen. Die Käsescheiben auflegen und die Zwiebelwürfel aufstreuen. Das eingeschichtete Gemüse mit Öl beträufeln und leicht salzen. Den Wein angießen.
Das Broccoligericht fest zudecken und in den Backofen stellen. Bei 160 °C in 90 Minuten garen.
Dazu Salzkartoffeln und frischen Salat reichen. Ein sizilianischer trockener Weißwein passt am besten dazu.

Cacio heißt im Italienischen der Käse und „cavallo" das Pferd. Warum dieser meist kugel- oder birnenförmige Brühkäse diesen Namen trägt, ist unklar. Vielleicht, weil er früher aus Stutenmilch hergestellt wurde. Oder weil er paarweise zum Reifen über Stöcken hängen muss, wie der Reiter auf dem Pferd. Oder weil er früher mit dem Wappen von Neapel gekennzeichnet wurde, einem galoppierenden Pferd. Der Legende nach brachten asiatische Barbaren die Kunst der Caciocavallo-Herstellung mit nach Süditalien, wo der Käse einst ausschließlich hergestellt wurde. Heute wird er ebenso in Sizilien und Norditalien produziert – auch für den Export.

Braune Bohnen mit Käsecreme

Für die Käsesauce:
200 ml süße Sahne
200 g geriebener Käse (etwa Gruyère, Appenzeller, Tilsiter)
1 Schuss Cognac
1 EL gehackte Kräuter (Petersilie, Schnittlauch, Dill, Thymian, Majoran)
frisch geriebene Muskatnuss
Salz
frisch gemahlener Pfeffer
1 EL Kümmel nach Belieben

Für die Bohnen:
500 g dicke Bohnen aus der Dose (Borlotti-Bohnen)

4 Scheiben Hinterschinken
frische Kräuter

Für die Käsesauce die Sahne erwärmen und den geriebenen Käse unter Rühren darin schmelzen. Den Cognac und die Kräuter zufügen und mit Muskatnuss, Salz und Pfeffer würzen. Falls die Sauce zu dick wird, mit wenig Weißwein verdünnen.

Für die Bohnen den Doseninhalt in einen Topf geben und die Bohnen bei schwacher Hitze langsam in ihrer Flüssigkeit erhitzen. Die Bohnen in vorgewärmte Tellern oder auf einer Platte anrichten und mit der Käsesauce übergießen. Die Schinkenscheibenaufrollen und zu den Bohnen geben. Mit etwas Käse und frischen Kräutern belegen.
Dazu passt ein bunter Salat.

Eine ungewöhnliche Kombination, die aus einem einfachen Bohnentopf ein apartes und überraschend gut schmeckendes Gericht macht. Überdies ist es schnell herzustellen und besteht weitgehend aus Zutaten, die man meist im Vorrat hat, so dass man auch unerwartete Gäste damit überraschen kann.

ZWEIMAL KARTOFFELGRATIN

KARTOFFELGRATIN AUF SAVOYISCHE ART
150 g Tomme de Savoie, Reblochon oder Emmentaler
700–750 g möglichst fest kochende Kartoffeln
400 ml Hühnerbrühe
Salz, weißer Pfeffer
frisch geriebene Muskatnuss
1 EL Schnittlauchröllchen nach Belieben
40 g Butter

Tipp:
Vor dem Einschichten der Kartoffeln die Form mit Knoblauch ausreiben.

KARTOFFELGRATIN
800 g Kartoffeln
1 Knoblauchzehe
Butter für die Form
100 ml Milch
200 ml süße Sahne
150 g Crème fraîche
Salz, weißer Pfeffer
frisch geriebene Muskatnuss

Tipp:
Wer mag, kann in die Sahne-Mischung noch geriebenen Käse wie Emmentaler oder Gruyère einrühren und das Gratin zusätzlich mit Käse bestreuen. Dann sollten aber auch noch zwei Eier mit hineingerührt werden.

KARTOFFELGRATIN AUF SAVOYISCHE ART (oben)
Den Käse reiben. Die Kartoffeln waschen, schälen, trockentupfen und in sehr dünne Scheiben schneiden. Den Backofen auf 190 °C vorheizen. Die Brühe aufkochen und mit Salz, Pfeffer und Muskatnuss würzen. Nach Belieben können noch Schnittlauchröllchen in die Brühe gegeben werden. Eine feuerfeste Auflaufform mit gut 10 Gramm Butter ausstreichen. Die Kartoffeln dachziegelartig einschichten, etwas Käse darüber streuen, wieder eine Kartoffelschicht einlegen und mit Käse abschließen. Die Hühnerbrühe angießen.
Die restliche Butter in Flöckchen darauf verteilen. Das Gratin in den Backofen stellen und 50 bis 55 Minuten backen.

Der Name verrät es schon: Der halbfeste Kuhmilchkäse „Tomme de Savoie" mit 20 bis 40 % Fett kommt ursprünglich aus Savoyen. Wegen seines guten Geschmacks wird er heute auch in den angrenzenden Regionen hergestellt. Die typische, graue Schimmelrinde wird vor dem Verzehr entfernt.

KARTOFFELGRATIN (unten)
Die Kartoffeln waschen, schälen und in sehr dünne, etwa 3 Millimeter dicke Scheiben schneiden. Die Knoblauchzehe schälen, halbieren und eine feuerfeste Auflaufform damit ausreiben. Die Form anschließend noch mit Butter ausstreichen. Den Backofen auf 180 °C vorheizen.
Die Milch mit Sahne und Crème fraîche verrühren. Mit Salz, Pfeffer und Muskatnuss würzen. Die Kartoffelscheiben dachziegelartig in die Auflaufform schichten und mit der Sahne-Mischung übergießen. Das Gratin in den Backofen stellen und in etwa 1 Stunde überbacken.

Dies ist ein klassisches Gratin aus der Dauphiné. Besonders gern wird es zu Lamm gegessen. Erstaunlicherweise schmeckt es trotz seiner Einfachheit immer wieder so gut, dass man nicht genug davon bekommen kann.

Zucchiniauflauf mit Minze

500 g Zucchini
1 Zwiebel
1–2 Knoblauchzehen
1 großes Bund marokkanische Minze
4–5 EL Olivenöl
Salz
frisch gemahlener Pfeffer
⅛ Liter süße Sahne
4 Eier
200 g Doppelrahm-Frischkäse
2–3 Messerspitzen Paprikapulver, edelsüß
2–3 Messerspitzen Piment
2 Messerspitzen Kreuzkümmel

Butter für die Form

Die Zucchini waschen, putzen und ungeschält in dünne Scheiben schneiden. Die Zwiebel schälen und würfeln. Die Knoblauchzehen schälen und zerdrücken. Die Minze waschen, trockentupfen und die Blättchen von den Stielen zupfen. Die Hälfte des Öls in einer weiten Pfanne erhitzen und die Zucchinischeiben darin unter Wenden einige Minuten braten. Salzen, pfeffern und wieder herausnehmen. Das restliche Öl in der Pfanne erhitzen und die Zwiebel darin andünsten. Den Knoblauch zufügen und etwa 2 Minuten mitbraten. Die Zwiebelmischung und die Minze mit dem Schneidstab des Handrührers pürieren. Sahne, Eier sowie den Frischkäse zufügen und alles miteinander vermischen. Mit Salz, wenig Pfeffer, Paprikapulver, Piment und Kreuzkümmel pikant würzen.

Den Backofen auf 200 °C vorheizen. Eine feuerfeste Auflaufform oder 4 Portionsformen mit Butter ausstreichen. Die Zucchinischeiben fächerförmig darin anordnen und die Eier-Minze-Mischung darüber gießen. Den Auflauf in den Backofen stellen und für etwa 25 Minuten backen.

Seit der Antike wird Minze als Würze verwendet. Heute ist sie vor allem im Nahen und Mittleren Osten sowie in Nordafrika sehr beliebt. Aus der fast unübersehbaren Zahl an Varietäten, die die stark duftende Pflanze durch Selbstkreuzung hervorgebracht hat, ist grüne Minze die am meisten angebaute Sorte. Ihre ätherischen Öle, vor allem Menthol, geben diesem Auflauf die besondere Note.

KÄSESPÄTZLE

400 g mittelgroße Zwiebeln
300 g Emmentaler Käse
200 g Mehl
Salz
4 mittelgroße Eier
75 g Butter
frisch gemahlener schwarzer Pfeffer

Die Zwiebeln schälen und auf einem Gurkenhobel in dünne Ringe hobeln. Den Käse entrinden und fein reiben. Mehl, Salz und Eier zu einem zähflüssigen Teig verrühren. Eventuell tropfenweise kaltes Wasser zugeben. Der Teig ist richtig, wenn Konturen, die man mit dem Kochlöffel zieht, nur langsam wieder verfließen.
Die Butter zerlassen und die Zwiebelringe darin bei schwacher Hitze in etwa 20 Minuten weich und goldbraun braten. Dabei mehrmals wenden. Zugedeckt warm halten.
Reichlich Salzwasser zum Kochen bringen. Den Spätzleteig portionsweise entweder vom Brett schaben oder durch einen Spätzlehobel in das sprudelnd kochende Wasser geben. Einige Sekunden sprudelnd kochen lassen, dann mit einem Schaumlöffel herausnehmen. Gut abtropfen lassen und in eine vorgewärmte Schüssel geben, dabei jede Spätzleportion mit Käse und Pfeffer bestreuen. Im Backofen bei 50 °C zugedeckt warm halten, bis alle Spätzle gegart sind. Mit den gebratenen Zwiebelringen belegen und heiß servieren.
Dazu schmeckt Feldsalat oder Gurkensalat.

SPÄTZLE-TIPPS
für Nichtschwaben und
andere ungeübte Leute:

- Spätzle schmecken mit reichlich Eiern am besten. Wasser nur zugeben, wenn ein weiteres ganzes Ei im Teig zuviel wäre.
- Besonders praktisch: Spätzlehobel oder -presse, die es in gutsortierten Haushaltwarengeschäften zu kaufen gibt. Teig portionsweise einfüllen und in das kochende Wasser hobeln oder pressen.
- Traditionell: Ein Holzbrett mit Griff kalt abspülen. Zwei Esslöffel Teig auf das vordere Drittel des Brettes streichen. Am Griff über den Topf mit sprudelnd kochendem Wasser halten. Den Teig in schmalen Streifen mit einem langen Messer abschaben und mit Schwung ins Wasser befördern. Das Brett immer wieder nass machen, damit der Teig nicht kleben bleibt.
- So viele Spätzle portionsweise ins Wasser geben, dass sie beim Hochsteigen nebeneinander schwimmen und gerade eben die Wasseroberfläche bedecken.
- Zum Warmhalten im Backofen mit Butter oder Öl mischen, damit sie nicht zusammenkleben.

Ravioli mit Kräutern und Ricotta

Für 6 Portionen

Für den Nudelteig:
400 g Mehl
1 TL Salz
3 Eier (Gewichtsklasse 2, je 65 g)
2 Eigelbe
1 EL kaltes Wasser
2 EL Olivenöl

Für die Füllung:
1 kleine Zwiebel
100 g gemischte frische oder 2 Päckchen gemischte tiefgefrorene Kräuter
50 g Parmesan
100 g Ricotta
1 Eiweiß
Salz, frisch gemahlener weißer Pfeffer

Mehl
100 g Parmesan
50 g Butter

Für den Nudelteig das Mehl in eine Schüssel sieben und mit Salz, Eier, Eigelbe, Wasser und Öl zu einem glatten Teig verkneten. Zugedeckt bei Zimmertemperatur 1 Stunde ruhen lassen.
Für die Füllung die Zwiebel schälen. Frische Kräuter waschen und trockentupfen. Parmesan, Zwiebel und Kräuter im Blitzhacker fein zerkleinern. Die Masse mit Ricotta und dem Eiweiß verrühren und pikant mit Salz und Pfeffer würzen.
Den Teig portionsweise in einer Nudelmaschine oder auf wenig Mehl sehr dünn ausrollen und zu etwa 12 cm breiten Streifen schneiden. Die Füllung mit zwei Teelöffeln auf die eine Hälfte der Streifen setzen. Dabei am Rand jeweils etwa 2 cm, zwischen den Häufchen etwa 3 cm Abstand lassen. Die anderen Teigstreifen darüber legen. Ravioli mit einem Teigrädchen ausschneiden. Teigreste wieder zusammenkneten, ausrollen und ebenso verarbeiten.
Den Parmesan zum Anrichten reiben. Butter zerlassen und nach Wunsch leicht bräunen. In einem großen Topf reichlich Wasser mit Salz zum Kochen bringen und die Ravioli darin bei starker bis mittlerer Hitze etwa 4 Minuten kochen lassen. Mit einem Schaumlöffel herausnehmen, gut abtropfen lassen und auf heißen Tellern anrichten. Butter und Parmesan darüber verteilen und sofort servieren. Dazu passen gemischter Salat oder geschmorte Pilze.

Ravioli selbermachen ist leichter, als man vielleicht denkt. Wichtig sind wirklich dünne Teigplatten und die gelingen am besten mit einer Nudelmaschine: Ein Stück Teig bei breitem Walzenabstand durchdrehen, zweimal quer falten und nochmal durchdrehen. Dann den Walzenabstand nach und nach verringern, bis die Platte dünn ist. Auch die Abstände beim Füllen sind wichtig, denn die Käsecreme dehnt sich beim Garen aus, so dass zu pralle Ravioli aufplatzen könnten. Ravioli auf Vorrat halten sich in einem kühlen Raum zwei Tage frisch. Dazu legt man die Teigtäschchen nebeneinander aus, damit sie nicht zusammenkleben und deckt sie mit einem Tuch ab, damit sie nicht trocken werden.

Pomponnettes au Gruyere

Für die Füllung:
2 Schalotten
2 Mangoldblätter
50 g Butter
Salz
frisch gemahlener Pfeffer
60 g Mehl
30 g geriebener Gruyère
2 Eigelbe
100 g Gruyère, gewürfelt
frisch geriebene Muskatnuss
2 Eiweiße

Für die Pomponnettes:
4 Mangoldblätter
300 ml Weißwein

Butter für die Form
50 g grob geriebener Gruyère

Für die Füllung die Schalotten schälen und fein hacken. Die Mangoldblätter waschen, trockentupfen und in feine Streifen schneiden. 10 Gramm Butter erhitzen und die Schalottenwürfel darin glasig braten. Die Mangoldstreifen zufügen, weich dünsten, salzen und pfeffern. Die Mischung beiseite stellen.
100 ml Wasser und die restliche Butter zusammen in einer Pfanne aufkochen, das Mehl auf einmal zuschütten und dabei ständig rühren, bis sich der Teig vom Pfannenrand löst. Vom Herd nehmen, die gedünsteten Mangoldstreifen, den geriebenen Käse sowie zunächst nur ein Eigelb unter den Teig arbeiten. Erst wenn dieses vollständig untergearbeitet ist, das zweite Eigelb untermischen. Die Käsewürfel ebenfalls mit dem Teig vermischen und alles mit Salz, Pfeffer und Muskatnuss würzen. Das Eiweiß sehr steif schlagen und zuerst ein Drittel, danach den Rest mit der Füllung ver-mengen.

Für die Pomponnettes die Mangoldblätter in kochendem Salzwasser blanchieren, herausheben und abtropfen lassen. Die Mangoldblätter auf einer Arbeitsfläche ausbreiten und mit Küchenpapier trockentupfen. Die Blätter in der Mitte längs halbieren und grobe Rippen etwas flach schneiden. Die Füllung auf die Blätter verteilen und diese zu länglichen Päckchen einrollen, indem man zuerst auf beiden Seiten die Enden einschlägt. In eine Pfanne legen, mit Weißwein übergießen und zugedeckt 15 bis 20 Minuten köcheln lassen.
Den Backofen auf 250 °C vorheizen und eine Gratinform mit Butter ausfetten. Die Pomponnettes in die Form legen; den Wein aufheben und später für Saucen verwenden. Die Pomponnettes mit dem grob geriebenen Gruyère bestreuen und in den Backofen stellen, bis der Käse schmilzt. Mit Kartoffeln oder Reis servieren.

Die Pomponnettes sind eine schweizer Variante der beliebten „Krautwickel", bei denen blanchierte Weiß- oder Grünkohlblätter mit einer Hackfleischmasse gefüllt werden. Während bei diesen Kohlrouladen das ausgeprägte Aroma des Gemüses dominiert, ist es bei den Pomponnettes die Käsefüllung, die dem Gericht die Würze gibt.

Gefüllte Zwiebeln nach Waadtländerart

8 große Gemüsezwiebeln
Salz
100 g Schinken
1 Bund Petersilie
200 g Hackfleisch vom Rind
1 Ei
1 EL Paniermehl
2 EL geriebener Gruyère
frisch gemahlener Pfeffer
wenig Paprikapulver
100 ml Brühe
100 ml trockener Weißwein
8 Scheiben Gruyère

Butter für die Form

Die Zwiebeln schälen und in schwach gesalzenem Wasser 15 Minuten leicht köcheln. Herausnehmen und etwas abkühlen lassen. Von den Zwiebeln einen Deckel abschneiden und das Innere sorgfältig bis auf einen 1 cm dicken Rand aushöhlen. Das ausgehöhlte Zwiebelfleisch fein hacken.
Den Schinken in kleine Würfel schneiden. Die Petersilie waschen, trockenschütteln und fein hacken. Zwiebelfleisch, Schinkenwürfel, Petersilie, Hackfleisch, Ei, Paniermehl und geriebenen Käse miteinander vermischen und mit Salz, Pfeffer und Paprikapulver würzen.
Den Backofen auf 200 °C vorheizen und eine Gratinform ausbuttern.
Die ausgehöhlten Zwiebeln mit der Hackfleischmasse füllen und in die Gratinform stellen. Brühe und Weißwein um die Zwiebeln (nicht darüber) gießen und die Form mit Alufolie abdecken.

Die Form in der Mitte des heißen Backofens stellen und die Zwiebeln etwa 20 Minuten dünsten. Die Alufolie entfernen, die Zwiebeln mit den Käsescheiben belegen und bei gleicher Hitze im Backofen noch 10 Minuten überbacken. Dazu Bratkartoffeln servieren.

Gefüllte Gemüse – Zwiebeln, Paprikaschoten oder Tomaten – eignen sich zum einen vorzüglich zur Verwertung von Resten, andererseits ergeben sie bekömmliche Mahlzeiten, die dem Trend zu gesunder und leichter Ernährung entsprechen. Zuweilen werden besonders groß gezüchtete Gemüsezwiebeln angeboten, die für eine Portion ausreichend sind. Kauft man gewöhnliche Zwiebeln, nimmt man einfach die größten und rechnet, wie im Rezept angegeben, zwei Stück pro Person.

Kalbssteaks mit Roquefortsauce

40 g Roquefort
40 g zimmerwarme Butter
frisch gemahlener Pfeffer
1 cl Cognac
4 Kalbskoteletts oder
Kalbssteaks à 150 g
1 EL Butterschmalz
Salz
2 EL Weißwein
200 ml süße Sahne

Butter für die Form

Tipp:
Nach dem Gratinieren mit Walnusskernen oder gerösteten Haselnussscheiben bestreuen.

Den Roquefort mit einer Gabel zerdrücken und mit der weichen Butter vermengen. Mit viel Pfeffer und dem Cognac würzen.
Von den Kalbskoteletts beziehungsweise den Steaks die Fettschicht am Rand leicht einschneiden, damit sie sich beim Braten nicht zusammenziehen.
Butterschmalz in einer Pfanne erhitzen, das Fleisch salzen und beidseitig rasch anbraten. Das Fleisch aus der Pfanne nehmen und warm stellen.
Den Bratfond mit dem Weißwein ablöschen, unter Rühren ablösen und etwas einkochen lassen. Die Sahne zufügen.
Den Backofen auf 220 °C vorheizen und eine Gratinform oder vier feuerfeste Förmchen mit der Butter ausstreichen. Die Fleischstücke hineingeben und mit der Sahnesauce begießen. Im vorgeheizten Backofen 5 bis 10 Minuten überbacken. Kurz aus dem Backofen nehmen, mit der Roquefort-Mischung belegen und nochmals in den Backofen schieben, bis der Käse zerlaufen ist. Sofort in der Form servieren.
Dazu passt Kartoffelpüree.

Der Roquefort wird nach jahrhundertealter Tradition aus Sauermilch vom Schaf und dem Pilz von Roggenbrot, der nur in Roquefort gedeiht, hergestellt. Der Pilz wird der Milch in pulverisierter Form beigefügt, man lässt sie zehn Tage im Keller ruhen und dann erst kommt das Ganze in die „caves", die einer Krypta ähnlichen Höhlen des Mont Combalou. Zuvor wird, um die Schimmelbildung zu fördern, der Käselaib hundertmal eingestochen und auf Eichenholzgestelle gelegt. Je nach Saison und der Herkunft der Milch verlangt er mehr oder weniger Feuchtigkeit und entsprechende Reifezeit. Nach 20 bis 25 Tagen hat sich die blaue Äderung gebildet. Danach muss der Käse, in Alufolie eingepackt, noch drei bis vier Monate nachreifen. Kein Wunder, dass auch die Köche diesen aromatischen Käse schätzen. Sie bereiten damit Saucen zu, die vor allem gut zu Kalbfleisch passen.

Gouda-Kalbshaxe in der Tonform

1 kg Kalbshaxe
1 Knoblauchzehe
1 Prise zerriebener Oregano
Salz
frisch gemahlener weißer Pfeffer
200 g Langkornreis
500 g Tomaten
1 große Stange Lauch
250 g mittelalter Gouda

Eine Tonform beziehungsweise einen Römertopf 10 Minuten wässern und abtropfen lassen. Die Kalbshaxe in vier Portionsstücke teilen. Den Knoblauch schälen und andrücken. Die Kalbshaxe mit Knoblauch, Oregano, Salz und Pfeffer einreiben. Den Reis in leicht gesalzenem Wasser halbgar kochen und abgießen. Die Tomaten überbrühen, häuten und halbieren. Den Lauch putzen, waschen, der Länge nach halbieren und in 4 cm lange Stücke schneiden. Den Käse raspeln.
Alle Zutaten abwechselnd lagenweise in die Tonform geben und jede Schicht würzen. Mit einer Käseschicht abschließen. Die Form schließen, in den kalten Backofen auf die untere Schiene schieben und den Backofen auf 210 °C aufheizen. Das Fleisch darin in etwa 100 bis 120 Minuten garen.
Dazu frischen Kopf- oder Endiviensalat reichen. Als Getränk passt ein leichter Rot- oder ein herzhafter Weißwein dazu.

Auf der Beliebtheitsskala der Niederländer befindet der Gouda ganz weit oben. Aber auch im Ausland steht Gouda an der Spitze, was schon daran abzulesen ist, dass man ihn einst Holländer Käse nannte, so wie der Emmentaler als Schweizer Käse bezeichnet wird. Noch vor wenigen Jahrzehnten war der Gouda ein reiner Bauernkäse. Inzwischen kommt er größtenteils aus Fabriken. Aber im Gegensatz zu anderen Käseländern, wo die industrielle Produktion den Kleinbetrieb fast zum Aussterben brachte, gibt es in den Niederlanden immer noch Hunderte von bäuerlichen Gouda-Herstellern, deren Erzeugnisse unter Kennern besonders gefragt sind und ganz anders schmecken als die Käse aus den großen Fabriken.

Greyerzer Lammbraten

1,2 kg Lammrollbraten
(Keule, Schulter)
Salz
frisch gemahlener Pfeffer
Paprikapulver
Korianderpulver
Senfpulver
Rosmarin
2 EL Butterschmalz
2 Knoblauchzehen
2 Kartoffeln
2 kleine Möhren
200 ml Rotwein
1 gespickte Zwiebel
200 ml Lammfond oder
Fleischbouillon

Für die Käsemasse:
6 Blätter Salbei
200 g geriebener Gruyère
3 EL Paniermehl
3-4 EL süße Sahne
Salz
frisch gemahlener Pfeffer
wenig Muskatnuss

Das Lammfleisch mit Salz, Pfeffer, Paprika-, Koriander- und Senfpulver einreiben und mit Rosmarin belegen. Das Butterschmalz einer feuerfesten Kasserolle erhitzen und den Rollbraten darin rundum gut anbraten.
Die Knoblauchzehen schälen und grob hacken. Die Kartoffeln und die Möhren waschen, schälen und in kleine Würfel schneiden. Backofen auf 200 °C vorheizen. Das Fleisch aus der Kasserolle nehmen und den Bratenfond mit Rotwein loskochen. Gespickte Zwiebel, Knoblauch, Kartoffel- und Möhrenwürfel zufügen und mit Lammfond oder Bouillon auffüllen. Das Fleisch einlegen und zugedeckt im heißen Backofen 80 Minuten schmoren lassen, dabei immer mal wieder mit den Bratenfond begießen.
Den Braten herausnehmen und in eine Gratinform legen.

Für die Käsemasse den Salbei in dünne Streifen schneiden. Käse, Paniermehl, Sahne und Salbei miteinander vermischen und mit Salz, Pfeffer und Muskatnuss würzen. Die Mischung auf dem Fleisch verteilen. Die Form in den Backofen stellen und das Fleisch überbacken, bis der Käse zu schmelzen beginnt. Die Zwiebel aus der Sauce entfernen, die Sauce mit einem Mixstab fein pürieren, eventuell durch ein Sieb streichen und erneut erhitzen. Das Fleisch in Scheiben schneiden und mit der Sauce umgießen.
Dazu passt gedünstetes Gemüse und kleine gebratene Kartoffeln.

Kombinationen von Fleisch und Käse sind im Käseland Schweiz nicht selten, man denke nur etwa an das „Cordon bleu", die mit Käse und Schinken gefüllten und anschließend panierten Kalbs- oder Schweineschnitzel, die man fast auf jeder Speisekarte findet. Hier zur Abwechslung einmal Lammfleisch, das unter einer Käsehaube daherkommt.

Bratkartoffeln mit Reblochon

200 g gepökelte
Schweinebrust
1 kg Kartoffeln
1 große Zwiebel
4 EL Butterschmalz
Salz
frisch gemahlener Pfeffer
250 g Crème fraîche
1 reifer Reblochon

Butter für die Form

Tipp:
Die gepökelte Schweinebrust lässt sich durch Magerspeckstreifen ersetzen.

Die Schweinebrust 2 bis 3 Stunden wässern. Das Wasser abgießen, das Fleisch trockentupfen und in Streifen schneiden.
Die Kartoffeln waschen, schälen, abtrocknen und in ½ cm dicke Scheiben schneiden. Die Zwiebel schälen und in dünne Scheiben schneiden. Etwa 3 Esslöffel Butterschmalz in einer Pfanne erhitzen, die Fleischstreifen darin leicht anbraten und mit einer Schaumkelle wieder herausnehmen. Das restliche Butterschmalz nachgeben, die Zwiebelscheiben zufügen, hellbraun braten und ebenfalls herausnehmen. Die Kartoffelscheiben in die Pfanne geben, mit Salz und Pfeffer würzen und etwa 15 bis 20 Minuten unter öfterem Wenden braten.
Den Backofen auf 250 °C vorheizen. Eine feuerfeste, runde Form mit der Butter ausstreichen. Die gebratenen Kartoffeln hineingeben, die Zwiebeln und das Fleisch darauf verteilen. Die Crème fraîche darüber geben. Vom Reblochon ringsum die Rinde entfernen. Die obere und die untere Fläche des Käses mit einem Messer gut abschaben. Den Käse in etwa 1 ½ cm dicke Scheiben schneiden und die Kartoffeln damit bedecken. Etwa 10 Minuten im heißen Backofen überbacken. Danach die Temperatur auf 200 °C reduzieren. Weiterbacken, bis der Käse geschmolzen ist. Er sollte nur leicht Farbe annehmen und es darf keine Kruste entstehen. Das Gericht in der Form servieren.

Der Reblochon ist der bekannteste Käse aus Savoyen, Frankreich. Er wird aus Kuhmilch hergestellt, ist rund, hat einen Durchmesser von 14 cm, ist 3,5 cm hoch und wiegt etwa 500 g. Er gehört in die Familie der Rotschmierekäse. Seine gelbrötliche Rinde muss vor dem Essen oder der Weiterverwendung gründlich abgeschabt werden. Sein weicher Teig ist vollfett und im reifen Zustand leicht fließend. Dann erst ist sein typisches Alpenblumenaroma voll entwickelt. Die Reifezeit nach der Herstellung beträgt zehn bis zwölf Monate.

Schweinskoteletts nach Greyerzerart

4 Schweinskoteletts
à 180 g
Salz
frisch gemahlener Pfeffer
Paprikapulver
Rosmarinpulver
1 EL Butterschmalz
150 g gekochter Schinken
1 Ei
200 g geriebener Gruyère
4 Zweiglein Rosmarin

Butter für die Form

Den Backofen auf 220 °C vorheizen. Eine ovale Gratinform mit Butter ausfetten.
Die Koteletts mit Salz, Pfeffer, Paprika- und Rosmarinpulver würzen. Butterschmalz in einer Pfanne erhitzen und die Koteletts darin beidseitig je 6 Minuten braten. Die Koteletts herausnehmen und in die Form legen.
Den Schinken in kleine Würfel schneiden. Das Ei verquirlen, den Käse und die Schinkenwürfel untermischen, salzen und pfeffern. Die Käsemasse über die Koteletts verteilen.
Die Gratinform in den Backofen stellen und die Koteletts goldgelb überbacken.
Vor dem Servieren mit den Rosmarinzweigen garnieren. Dazu ein gutes Landbrot servieren.

Ob man in der Schweiz von einem Greyerzer oder einem Gruyère spricht, hängt davon ab, in welchem Sprachraum des Landes man sich aufhält. Gemeint ist immer der gleiche Hartkäse, der in vielen Rezepten zum Überbacken von Koteletts und Schnitzeln dient. Diese schnelle und einfache Zubereitung ist immer ein geschmackliches Erlebnis, zu dem man einfach ein gutes Landbrot essen kann.

Hechtschnitten Mornay

750 g Hechtfilet
Saft von ½ Zitrone
Salz
1 Zwiebel
1 Stück Lauch
3–4 Champignons oder auch nur Reste wie Stiele und Schalen
¼ Liter trockener Weißwein
1 Lorbeerblatt
5 weiße Pfefferkörner
1 Zweig Thymian
1 Zweig Petersilie

Für die Mornaysauce:
gemischte Kräuter (Petersilie, Schnittlauch, Dill, Estragon)
25 g Butter
15 g Mehl
¼ Liter heißer Fischfond
etwa 6 EL süße Sahne
2 Eier
40–50 g frisch geriebener Parmesan

10 g Butter für die Form

Das Hechtfilet waschen, trockentupfen, mit Zitronensaft beträufeln und salzen. Die Zwiebel schälen, den Lauch putzen und beides in Scheiben schneiden. Die Champignons putzen. Wein, ¼ Liter Wasser, Zwiebel, Lauch, Champignons, Lorbeerblatt, Pfefferkörner, Thymian, Petersilie und Salz in einen Topf geben und aufkochen. 10 Minuten köcheln lassen. Den Fisch einlegen und knapp gar ziehen lassen. Eine Auflaufform mit Butter ausfetten und den Fisch einlegen. Die Brühe durch ein Sieb gießen und heiß halten.

Für die Sauce die Kräuter waschen, hacken und auf dem Fisch verteilen. Die Butter in einem Topf erhitzen, das Mehl unter Rühren einstreuen, durchschwitzen lassen und nach und nach mit dem Fond ablöschen. Die Sahne zufügen, kurz köcheln lassen und vom Herd nehmen. Den Backofen auf 220 °C vorheizen. Die Eier trennen. Das Eigelb unter die Sauce rühren, das Eiweiß steif schlagen und unterziehen. Die Sauce über das Hechtfilet gießen. Mit dem Parmesan bestreuen und in etwa 12 Minuten goldgelb überbacken.

Schnittlauch, Lauch und Zwiebel – hier spielen die drei Geschmacksstufen der verwandten Arten aus der Familie der Liliengewächse zusammen. Sie verleihen in Verbindung mit weiteren Kräutern dem Filet vom „Ritter mit der spitzen Schnauze" – wie der Hecht in alten Büchern genannt wurde – einen ausgewogenen Geschmack. Der Hecht ist der größte Räuber in europäischen Flüssen und Seen und ein Edelfisch. Bei Feinschmeckern besonders begehrt sind die jungen Hechte von 2 bis 3 kg Gewicht, das sie im zweiten Jahr bereits erreichen. In der Küchenpraxis hat Hechtfleisch nur einen Nachteil, die vielen Gräten, aber viele Vorteile: Es ist besonders fettarm und schmackhaft.

Soufflé au Bleu de Bresse

60 g Butter
30 g Mehl
¼ Liter warme Milch
Salz
frisch gemahlener weißer Pfeffer
frisch geriebene Muskatnuss
100 g Bleu de Bresse (ersatzweise Reibkäse oder Weichkäsereste ohne Rinde)
3 Eier

Mehl für die Form

Zwei Drittel der Butter in einer Kasserolle zerlassen, das Mehl auf einmal zuschütten und bei schwacher Hitze 2 bis 3 Minuten farblos anschwitzen. Die erwärmte Milch nach und nach zufügen und unter ständigem Rühren bei schwacher Hitze in etwa 10 Mi-nuten zu einer dicklichen Sauce verkochen. Mit Salz, Pfeffer und Muskatnuss würzen und vom Herd nehmen. Den Käse zerdrücken. Die Eier trennen. Den Käse unter die Sauce rühren. Ein Eigelb nach dem anderen einarbeiten. Die Masse in eine Schüssel umfüllen und etwas abkühlen lassen. Den Backofen auf 200 °C vorheizen. Die Eiweiße mit einer Prise Salz steif schlagen und vorsichtig unter die noch lauwarme Käsemasse heben.
Eine ofenfeste Souffléform mit der restlichen Butter ausfetten, mit Mehl ausstreuen und die Käsemasse zu zwei Drittel ihrer Höhe einfüllen. Ringsum mit einem Messer die Käsemasse etwas zur Innenseite drücken. Die Form in den Backofen stellen und das Soufflé 30 bis 35 Minuten backen. Sofort servieren.

Mit einem „Bleu" ist in Frankreich stets ein Edelpilzkäse mit Innenschimmel gemeint. Es gibt mindestens zwei Dutzend Sorten, darunter den Bresse Bleu und den leicht mit ihm zu verwechselnden Bleu de Bresse, der erst seit einigen Jahrzehnten hergestellt wird und weltweit bekannt wurde. Beide Innenschimmelkäse stammen aus der kulinarisch sehr ergiebigen seenreichen Bresse-Landschaft nordöstlich von Lyon, wo auch die berühmten Bresse-Poularden aufwachsen. Dieses Rezept lässt sich auch mit anderen Bleu-Käse verwirklichen. Steht „de chévre" auf dem Etikett, besteht er aus Ziegenmilch, ist er „de brebis" gekennzeichnet, dagegen aus Schafmilch.

Quiche Lorraine

Für eine flache Form von 24 cm Durchmesser

Für den Teig:
200 g Mehl
½ gestrichener TL Salz
150 g Butter
Paniermehl

Für den Belag:
150 g Schinkenspeck
250 g Emmentaler
125 g saure Sahne
4 Eier
3 EL gehackte Petersilie
1 gestrichener TL Paprikapulver, edelsüß

Für den Teig das Mehl in eine Schüssel sieben und in die Mitte eine Vertiefung eindrücken. 3 Esslöffel kaltes Wasser und das Salz in die Mulde geben und mit etwas Mehl vom Rand zu einem Brei verrühren. Die Butter in Flöckchen darauf verteilen und alles schnell zu einem glatten Mürbteig verarbeiten. Dabei erst zum Schluss mit den Händen kneten, damit der Teig nicht zu warm wird. Den Teig 30 bis 40 Minuten im Kühlschrank ruhen lassen.
Den Backofen auf 210 °C vorheizen. Die Form einfetten. Den Teig ausrollen, in die Form legen und einen 2 bis 3 cm hohen Rand formen. Die Teigplatte mit Paniermehl bestreuen.

Für den Belag Speck und Käse in kleine Würfel schneiden. Die Sahne mit den Eiern verquirlen, Speck- und Schinkenwürfel, Petersilie und Paprikapulver untermischen. Die Speck-Eier-Masse auf den Teigboden geben und die Oberfläche glätten. Die Form in den Backofen stellen und die Quiche 35 bis 45 Minuten backen. Herausnehmen und heiß servieren.

Man könnte auch einfach von Lothringer Specktorte sprechen. Aber Quiche Lorraine klingt viel besser, wobei Quiche nichts anderes als eine mundartliche Umdeutung von „Küche" sein dürfte. Wichtig ist, dass die Komposition aus Schinkenspeck und Emmentaler heiß auf den Tisch kommt – möglichst mit einem herzhaften Weiß- oder Rotwein aus dem Elsass. Quiche Lorraine ist ein Gericht für das Abendessen, zu dem es meist mit frischem Kopfsalat in würziger Kräutermarinade serviert wird. Sie eignet sich aber auch vorzüglich als Mitternachtsimbiss.

Masurischer Käsekuchen

Für eine Backform von 24 cm Durchmesser

Für den Teig:
300 g Mehl
30 g Hefe
1 Prise Zucker
⅛ Liter lauwarme Milch
30 g Butter
1 Ei
Salz
etwas Fett für die Backform

Für die Füllung:
150 g durchwachsener Speck
250 g Zwiebeln
30 g Butter
200 g Tilsiter

Für den Teig das Mehl in eine Schüssel sieben und in die Mitte eine Mulde drücken. Die Hefe zerbröckeln. Hefe, Zucker und etwas lauwarme Milch in die Mulde geben und mit wenig Mehl vom Rand zu einem flüssigen Vorteig verrühren. Leicht mit Mehl bestauben und zugedeckt 30 Minuten gehen lassen.
Die Butter in der restlichen Milch schmelzen und mit Ei und Salz zum Vorteig geben. Alles zu einem glatten Teig verarbeiten. Zu einer Kugel formen und 40 bis 60 Minuten gehen lassen.
Den Backofen auf 220 °C vorheizen. Die Springform einfetten. Den Teig ausrollen und Boden und Rand der Form damit auslegen.

Für die Füllung den Speck würfeln. Die Zwiebeln schälen und in dünne Scheiben schneiden. Die Butter erhitzen und den Speck darin ausbraten, die Zwiebeln zufügen und goldgelb dünsten. Den Käse in dünne Scheiben hobeln oder schneiden. Abwechselnd Speck, Zwiebeln und Käse in die Form geben und mit einer Käseschicht abschließen.
Den Käsekuchen 40 Minuten backen. Heiß aus der Form nehmen. In Tortenstücke schneiden.

Wenn man sich unter den Schnittkäsen nach einer deutschen „Erfindung" umsieht, stößt man vor allem auf den Tilsiter, der aus Ostpreußen stammt. Der kräftige und pikante Käse mit der reiskorngroßen Lochung wird heute in vielen Ländern produziert. Im Allgemeinen kommt Tilsiter schon nach kurzer Reifezeit in den Handel (vier bis sechs Wochen). Er passt auf den Esstisch und die Käseplatte, verfeinert Salate und würzt auch diesen Käsekuchen. Als Getränk hierzu empfiehlt sich ein leichter Rotwein oder ein trockener Weißwein.

Italienische Ostertorte

Für eine Springform von 26 cm Durchmesser

450 g tiefgefrorener Blätterteig
600 g tiefgefrorener Blattspinat
200 g gemischte frische Kräuter (Petersilie, Schnittlauch, Kerbel, Borretsch, Estragon, Pimpinelle und Dill)
1 Knoblauchzehe
200 g Käse (mittelalter Pecorino, Fontina, Sbrinz)
200 g Magerquark
100 ml süße Sahne
50 g Pinienkerne
Salz
frisch gemahlener weißer Pfeffer
8 kleine Eier

Mehl
1 Eigelb
1 EL süße Sahne

Blätterteig und Spinat auftauen lassen. Die Teigplatten in einem Rechteck so auf eine bemehlte Arbeitsplatte legen, dass die Kanten einige Millimeter übereinander liegen. Mit der bemehlten Nudelrolle etwa messerrückendick ausrollen. Zwei Teigplatten ausschneiden, die etwas größer als der Boden der Springform sind. Die erste Platte auf den Boden der Form legen und mit einer Gabel einige Male einstechen. Aus den Teigresten etwa 5 Zentimeter breite Streifen für den Rand schneiden und die Form damit auskleiden.
Die noch verbliebenen Teigreste auf der Arbeitsplatte übereinanderlegen und erneut ausrollen. Kleine Osterhasen oder beliebige andere Formen zum Verzieren ausstechen. Den Teig in der Form, die zweite Teigplatte und die Verzierungen kühlen, bis die Füllung zubereitet ist.
Die Kräuter waschen, trockentupfen und fein hacken. Den Knoblauch schälen und zerdrücken. Käse reiben. Kräuter, Knoblauch, Käse, abgetropften Spinat, Quark, Sahne und Pinienkerne vermischen, salzen und pfeffern. Diese Füllung auf dem Teig in der Form glattstreichen. Mit einem Löffel 8 Vertiefungen in die Füllung drücken (siehe Foto). Eier nacheinander zuerst in einer Tasse aufschlagen, dann vorsichtig in die Vertiefungen gleiten lassen. Den Teigrand mit etwas kaltem Wasser bestreichen, die zweite Teigplatte als Deckel auf die Füllung legen und rundherum am Rand leicht andrücken. Eigelb mit Sahne verrühren, Teigdeckel damit bestreichen. Die Verzierungen darauf legen und andrücken. Die Form in den kalten Backofen auf die untere Schiene schieben. Den Backofen auf 200 °C schalten. Die Torte etwa 1 Stunde backen. In der Form lauwarm abkühlen lassen und servieren oder erst ganz erkalten lassen.

*Die traditionelle herzhafte Ostertorte „Torta pasqualina" aus Ligurien bereitet man eigentlich mit einem Teig aus Mehl, Wasser, Salz und Olivenöl zu. Richtig verarbeitet, wird die Teighülle sehr locker und bildet beim Backen hauchdünne Schichten. Doch das kostet Zeit und erfordert Kocherfahrung.
Als gute Alternative dazu kann man Blätterteig verwenden.*

Gomser Cholera

Für eine Kuchenform von 28 cm Durchmesser

Für den Teig:
250 g Mehl
1 TL Salz
125 g kalte Butter oder Margarine

Für den Belag:
4 Kartoffeln
1 Zwiebel
2 Stangen Lauch
40 g Butter
Salz
frisch gemahlener Pfeffer
Paprikapulver
300 g Gomser (Raclette-Käse)
2 säuerliche Äpfel

1 Ei zum Bestreichen

Für den Teig das Mehl sieben und mit dem Salz vermischen. Das Fett in Stücke teilen und mit bemehlten Händen nach und nach mit dem Mehl verreiben. Nach Bedarf 50 bis 100 ml kaltes Wasser dazugeben und alles rasch zu einem glatten, geschmeidigen Teig verarbeiten. Den Teig mindestens 30 Minuten kalt stellen.

Für den Belag die Kartoffeln waschen, in der Schale kochen, pellen und auskühlen lassen. Von dem Teig ein Viertel beiseite stellen, den Rest ausrollen und die Form damit auslegen. Die Zwiebel schälen und in feine Streifen schneiden. Den Lauch waschen, putzen und in 4 cm lange Stücke schneiden. Die Butter erhitzen und Zwiebel und Lauch darin hell anschwitzen. Mit Salz, Pfeffer und Paprikapulver würzen und abkühlen lassen. Den Käse grob raffeln. Die Äpfel waschen, schälen, das Kerngehäuse entfernen und das Fruchtfleisch in feine Scheiben schneiden. Die Kartoffeln in dünne Scheiben schneiden, auf dem Teigboden auslegen und den Käse darüber verteilen. Lauch, Zwiebeln und zuletzt die Apfelscheiben auflegen.

Den Backofen auf 220 °C vorheizen.
Den beiseite gestellten Teig ausrollen, mit einem Rädchen in breite Streifen schneiden und diese gitterartig über die Füllung legen. Den Teig mit verquirltem Ei bestreichen.
Die Cholera in der unteren Hälfte des Backofens etwa 40 bis 45 Minuten backen.
Als Getränk dazu passt ein herber Fendant aus dem Wallis.

Woher der eigenartige Name dieses schmackhaften Gerichts aus der Schweiz kommt, ist ungewiss – es könnte sich durchaus um ein eingedeutschtes französisches Wort handeln. Eher unwahrscheinlich ist dagegen die Theorie, die Bezeichnung gehe auf eine Choleraepidemie im Schweizer Kanton Wallis zurück, während der man versucht habe, die Kranken mit dieser nahrhaften Speise wieder auf die Beine zu bringen. Auf jeden Fall schmeckt dieser herzhafte Kuchen ungeachtet seines etwas makabren Namens ausgezeichnet. Gomser Käse ist eine Walliser Bergkäse, der nur zwei Monate reift, geschmiert wird und sich auch gut für Raclette eignet.

POLENTA MIT KÄSEHAUBE

4 Blätter Pfefferminze
8-12 Blätter Salbei
400 ml Milch
40 g Butter
Salz
wenig Muskatnuss
250 g Polenta-Maismehl
250 g geriebener Tessiner Bergkäse

Butter für die Form

Eine Schüssel mit Butter ausfetten, eine kleines Schüsselchen bereit stellen.
Die Pfefferminzblätter in Streifen schneiden. Die Salbeiblätter blanchieren und abtropfen lassen.
In einem Topf Milch, Butter, Salz und Muskatnuss mit 400 ml Wasser aufkochen. Das Maismehl in dünnem Strahl unter ständigem Rühren einrieseln lassen. Nicht aufhören zu rühren, damit sich keine Klümpchen bilden. Die Pfefferminzstreifen zugeben.
Das Ganze unter stetem Rühren zu einem dicken Brei kochen.
100 g Käse unterziehen.
Den Backofen auf 220 °C vorheizen. Zwei Drittel der Polentamasse in die größere Schüssel geben. Die kleinere Schüssel in die Mitte drücken und den Maisring zwischen den beiden Schüsselwänden satt einpressen. Das Schüsselchen entfernen und die entstandene Mulde mit den Salbeiblättern auslegen.
Die restliche Polenta in die Mitte geben und alles gut andrücken.

Das Ganze auf eine feuerfeste Platte stürzen, mit dem restlichen Käse bestreuen und im heißen Backofen überbacken, bis der Käse eine goldbraune Kruste bildet. Dazu passen Pilz- oder Fleischragout oder auch nur gemischter Salat.

*P*olenta ist nicht nur in Italien, sondern auch in der Schweiz, zum Beispiel im Tessin, ein beliebtes Gericht. Man benutzt dazu relativ grobes Maismehl, das man in verschiedenen Mahlgraden kaufen kann, und nach persönlicher Vorliebe mischen kann. Da die herkömmliche Zubereitung des Maisbreies recht lange dauert, gibt es im Handel mittlerweile auch so genannten Schnell-Mais, der nur im Wasser aufgekocht wird und in wenigen Minuten zur erforderlichen Dicke aufquillt.

Kartoffel-Pizza

Für eine flache Form von 26 cm Durchmesser

600 g Kartoffeln
Salz
400 g geschälte Tomaten (Pelati aus der Dose)
150 g Schinkenspeck
200 g Emmentaler
1 EL mit Paprika gefüllte Oliven
2 EL Mehl
4 Eigelbe
frisch gemahlener Pfeffer
3-4 Eiweiße
frisch gemahlener Pfeffer
3 Zweige frisches Basilikum

Butter für die Form

Die Kartoffeln waschen, schälen, in Würfel schneiden und in Salzwasser gar kochen.
In der Zwischenzeit die Tomaten abtropfen lassen. Den Schinkenspeck in Streifen, den Emmentaler in Scheiben und die Oliven in Rädchen schneiden.
Den Backofen auf 220 °C vorheizen. Die Form ausbuttern.
Die Kartoffeln gut abtropfen lassen und durch ein Passiergerät treiben. Mit Mehl und Eigelb vermischen, salzen und pfeffern. Die Eiweiße zu Schnee schlagen und unter die Kartoffelmasse heben.
Die Kartoffelmasse in die Form füllen und glatt streichen. Tomaten, Speck, Käse und Oliven darauf verteilen. Mit Pfeffer würzen.
Die Kartoffelpizza auf die unterste Schiene des Backofens stellen und 20 bis 25 Minuten backen.
Das Basilikum waschen, trockenschwenken und die Blätter grob hacken. Die Pizza vor dem Servieren damit bestreuen.

Wähen oder Kuchen können auch einmal ohne Teigboden auskommen; genausogut kann man eine in der Kuchenform verteilte Kartoffel-Ei-Mischung oder Polenta mit den verschiedensten Zutaten belegen und mit Käse überbacken. Hier ein Beispiel mit Kartoffeln, Speck und Tomaten, das zusammen mit einem grünen Salat eine preisgünstige Mahlzeit ergibt.

Welsh Rarebit

WELSH RAREBIT
Für ein Raclette- oder Kombigerät

300 g Gloucester (englischer Käse)
5 EL Bier
1 EL scharfer Senf
2 Eigelbe
Salz
frisch gemahlener weißer Pfeffer
4 Scheiben Toastbrot

Tipp:
Der Welsh Rarebit kann auch bereits etwa 1 Stunde vor Raclettebeginn vorbereitet werden.

PILZSPIESSE
Für den Tischgrill oder den Heißen Stein

250 g Austernpilze
250 g Pfifferlinge
250 g Champignons
3 Schalotten
½ Bund glatte Petersilie
5 EL Olivenöl
Salz, schwarzer Pfeffer
150 g dünn geschnittener geräucherter Schinken

WELSH RAREBIT
Den Käse in eine feuerfeste Schüssel reiben. Bier, Senf und Eigelbe einrühren. Die Schüssel in ein warmes Wasserbad stellen, und den Käse unter ständigem Rühren cremig schmelzen lassen. Salzen und pfeffern.
Das Weißbrot im Toaster hell rösten und in Hälften schneiden. Die Raclettepfännchen mit je einer Brothälfte bestücken. Die Käsemasse darauf verteilen. Das Raclette- oder Kombigerät vorheizen. Die Pfännchen mit dem Welsh Rarebit unter die Grillvorrichtung schieben und goldgelb überbacken.
Zu diesen Waliser Leckerbissen passen ganz hervorragend die nebenstehenden Pilzspieße.

Der köstlich geröstete „Welsh Rarebit" kann mit ein paar kleinen Variationen im Handumdrehen zu einem „Bavarian Rarebit" werden: Anstatt Gloucester einen Emmentaler Käse und anstelle von englischem Bier Weißbier verwenden. Oder haben Sie Gusto auf einen „Italian Rarebit"? Dazu nehmen Sie frisch geriebenen Parmesan und anstatt Bier trockenen Weißwein.

PILZSPIESSE
Die Pilze säubern, größere halbieren. Die Schalotten schälen, vierteln und in Schichten brechen. Die Petersilie von den Stängeln zupfen, waschen, trockenschwenken, fein wiegen und in das Olivenöl einrühren. Die Pilze möglichst nach Arten getrennt abwechselnd mit den Schalottenstückchen auf kleine Holzspieße stecken. Die Pilzspieße von allen Seiten salzen, pfeffern und rundherum mit Petersilienöl bepinseln. Jeden Spieß mit Schinken umwickeln und diesen an den Spießenden feststecken.
Den Tischgrill oder den Heißen Stein vorheizen. Die Oberfläche mit Öl bepinseln und die Pilzspieße darauf in 6 bis 10 Minuten rundum knusprig braten.

Zu den feinen Pilzspießen schmecken selbstgemachte aromatische Buttermischungen besonders gut. Dazu beispielsweise 100 Gramm zimmerwarme Butter mit etwas Worcestershiresauce, Salz, frisch gemahlenem Pfeffer und 50 Gramm gehacktem Bärlauch, ersatzweise Rucola, Kerbel, Schnittlauch oder gemischten Kräutern verrühren.

Pizza mit Mozzarella und Basilikum

Für 1 großes Blech oder 4 runde Pizzen von 25 cm Durchmesser

Für den Teig:
20 g (½ Würfel) Hefe
400 g Mehl
Salz
4 EL kaltgepresstes Olivenöl

Für den Belag:
1 kg frische, reife Tomaten
250 g Mozzarella
Salz
frisch gemahlener Pfeffer
6 EL kaltgepresstes Olivenöl
1 Bund oder 1 Töpfchen frisches Basilikum

Olivenöl für das Blech

Tipp:
Pizza gibt es in unzähligen Variationen. Diese „Pizza Margherita" ist der Klassiker. Wer sie kräftiger liebt, kann noch gewürfelten Knoblauch und getrockneten Oregano darüber streuen. Andere Beispiele: „frutti di mare" mit Meeresfrüchten; „con funghi" mit Pilzen; „capricciosa" mit Schinken, Anchovis und Artischocken; „marinara" mit Anchovis und Kapern; „pugliese" mit Zwiebeln.

Für den Teig ¼ Liter lauwarmes Wasser in eine Schüssel geben. Die Hefe darin mit einem Schneebesen gut verrühren, bis sie sich vollständig aufgelöst hat. Das Mehl in eine zweite Schüssel sieben und mit einem Mal auf das Hefewasser schütten. Salz und Öl zufügen und alles schnell verrühren und verkneten. Den recht weichen Teig mit bemehlten Händen zu einer Kugel formen, mit etwas Mehl überpudern und zugedeckt an einem warmen Platz 20 Minuten gehen lassen, bis der Teig um zwei Drittel an Umfang zugenommen hat.
Den Backofen auf 250 °C vorheizen. Das Blech oder die Bleche dünn mit Öl einpinseln.

Für den Belag die Tomaten waschen und mit der Haut in Scheiben schneiden. Die Stielansätze entfernen und das Tomatenwasser ablaufen lassen. Den Mozzarella klein würfeln. Den Teig zusammenkneten und ausrollen. Die Tomaten auf dem Boden verteilen, mit Mozzarella belegen, salzen, pfeffern und mit dem Olivenöl beträufeln. Das Basilikum waschen, die Blättchen auseinander zupfen und über die Pizza streuen. Diese 12 bis 15 Minuten backen und sofort servieren.

Die Kultivierung und Verbreitung der Pizza ging von Neapel aus. Als Urheber gelten jedoch die Griechen, die als Kolonisatoren die „pitta" mitbrachten. Die Römer machten daraus „laganum", sparsam belegte Brotfladen. Doch erst im 17. Jahrhundert erreichte die Pizza kulinarische Beachtung und wurde gesellschaftsfähig. Die Pizza Margherita, eine verfeinerte Form der neapolitanischen Pizza, erhielt ihren Namen nach der Königin Margherita von Savoyen. Bei einem Besuch in Neapel wollte sie die Spezialität probieren. Der beste Pizzabäcker der Stadt, Raffaele Esposito, kreierte für sie eine Neuheit in den italienischen Nationalfarben Grün, Weiß, Rot: Basilikum, Mozzarella und Tomaten.

Rustikaler Ramequin

1 Zwiebel
2 EL Öl
400 g geschnetzeltes Schweinefleisch
Salz
frisch gemahlener Pfeffer
Paprikapulver
8 Scheiben weißes Kastenbrot
8 Scheiben Raclette-Käse
3 Fleischtomaten

Für den Guss:
3 Eier
300 ml Halbrahm oder Kaffeesahne
Salz
frisch gemahlener Pfeffer
wenig Muskatnuss

Butter für die Form

Die Zwiebel schälen und fein hacken. Das Öl erhitzen und die Zwiebelwürfel darin glasig braten. Das Fleisch zufügen und kurz anbraten, bis es die rote Farbe verloren hat. Mit Salz, Pfeffer und Paprikapulver würzen. Den Backofen auf 220 °C vorheizen. Eine Gratinform ausbuttern. Die Fleischmischung auf dem Boden der Gratinform verteilen und etwas auskühlen lassen. Die Brot- und Käsescheiben halbieren. Die Tomaten kurz in heißes Wasser tauchen, häuten und in dicke Scheiben schneiden. Brot-, Käse- und Tomatenscheiben abwechselnd schuppenartig auf das Fleisch in der Form legen.

Für den Guss die Eier mit der Sahne verquirlen, würzen und über den Inhalt der Form gießen. Den Ramequin im heißen Backofen 20 bis 30 Minuten backen.

Ramequin nennt man in der Westschweiz die einfachen Aufläufe aus Brot und Käse, die mit einem Gemisch aus Eiern und Milch oder Sahne (beziehungsweise Halbrahm = entfettete Sahne) übergossen und gebacken werden. Natürlich spielt auch hier der kulinarische „Kantönligeist" eine Rolle, denn je nach Kanton werden verschiedene Käsesorten verwendet. Dazu kommen da und dort auch weitere Zutaten wie etwa Tomaten oder Schinken. Hier eine Variante, die aus dem einfachen Ramequin eine recht reichhaltige Mahlzeit werden lässt.

RACLETTE

Zutaten pro Person:

3-4 kleine Kartoffeln
Salz
Brot, z. B. Bauernbrot
Silberzwiebeln (Perlzwiebeln)
Essiggurken (Gewürzgurken) oder Mixed-Pickles
200-250 g Raclette-Käse
frisch gemahlener Pfeffer
Paprikapulver

Die Kartoffeln gründlich waschen und mit der Schale in leicht gesalzenem Wasser kochen. Abgießen und zum Selbstpellen auf dem Tisch anrichten. Silberzwiebeln und Essiggurken auf Schälchen verteilen und auf den Tisch stellen.
Den Käse am Stück dicht vor eine kräftige Hitzequelle (Kaminfeuer, Garten- oder Elektrogrill) halten. Die geschmolzene Käsecreme mit einem Messer abstreifen und auf vorgewärmte Teller verteilen. Dazu kann man auch Brot essen.

Raclette bedeutet zweierlei: Zum einen eine aus dem Schweizer Kanton Wallis stammende Zubereitungsart für Käse, zum zweiten eine Gruppe von Käsen, die dafür geeignet sind. Die Walliser Raclettekäse sind schnittfeste Bergkäse unterschiedlicher Herkunft, beispielsweise Forclaz, Gomser, Illiez, Simplon und andere. Weil die einzelnen Sorten im Handel keine große Rolle spielen, wurde die neue Bezeichnung „Raclettekäse" erfunden, die auf den entsprechenden Laiben eingepresst ist.

Bei der traditionellen Zubereitung wird ein halber Käselaib von Hand, auf einer Unterlage oder einem eigens dafür bestimmten eisernen Gestell vor ein offenes Feuer gehalten, bis die Schnittfläche zu fliessen beginnt. Dann schabt man den geschmolzenen Käse mit einem Messer portionsweise auf die vorbereiteten Teller (französisch racler = abschaben). Heute gibt es spezielle Raclette-Öfen, die mit Holzkohle oder elektrisch beheizt werden, und bei denen sich die Wärmequelle über dem mit der Schnittfläche nach oben in ein Gestell gelegten halben Käselaib befindet. Praktisch für den Hausgebrauch sind vor allem die kleinen, elektrisch betriebenen Geräte, in denen der in $1/2$ cm dicke Scheiben geschnittene Käse direkt auf dem Tisch in kleinen Portionenpfännchen geschmolzen wird. Wer den Tisch nicht mit Elektrogeräten verunstalten will, kann aber den Käse ebensogut in einer beschichteten Pfanne auf dem Herd oder in einer beschichteten Backform im Backofen oder unter dem Grill schmelzen.

Fondue

Brot
1 Knoblauchzehe
400 g geriebener Gruyère
4 gestrichene TL Speisestärke
350 ml Weißwein
1 TL frischer Zitronensaft
400 g grob geraffelter Freiburger Vacherin
1 Gläschen Kirsch
1 Prise Cayennepfeffer

Das Brot in mundgerechte Würfel schneiden und in einem Korb auf den Tisch stellen. Knoblauch schälen und ein Fondue-Caquelon damit ausreiben. Den Gruyère mit der Speisestärke vermischen und mit Wein und Zitronensaft unter ständigem Rühren aufkochen, bis der Käse geschmolzen ist. Die Hitze reduzieren, weiterrühren und den Vacherin beigeben. Sobald dieser geschmolzen ist, mit Kirsch und Cayennepfeffer würzen und sofort servieren.

Auf dem Rechaud sollte das Fondue nur noch warmgehalten, nicht mehr gekocht werden. Zum Essen spießt man die Brotwürfel auf Fonduegabeln, taucht sie in die Käsemasse ein und zieht sie wieder heraus. Als Getränke zum Fondue sind Schwarztee oder Weißwein üblich (strikt verboten, da absolut unverträglich: Bier und gesüßte Mineralwässer). Beliebt ist auch der „Coup du milieu", ein kleines Glas Kirsch, das während der Mahlzeit getrunken wird, um den Magen zu stärken.

Fondue lässt sich aus den verschiedensten Käsemischungen herstellen. Grundsätzlich bildet immer der Gruyère die Basis. Verbreitet ist die Kombination von Gruyère und Emmentaler. Aber auch Raclette-Käse, Appenzeller, Tilsiter und Sbrinz können verwendet werden. Zur Verfeinerung werden die Mischungen auch häufig durch verschiedene Weichkäse ergänzt. Diese halb-und-halb (moitié- moitié)-Variante mit dem Freiburger Vacherin ist besonders cremig und würzig. An Flüssigkeit sind alle spritzigen, eher trockenen Weißweine geeignet, sogar Apfelwein und Champagner. An Gewürzen sind Knoblauch, Pfeffer und Muskatnuss üblich, daneben eignen sich auch Zwiebeln, Kümmel, Paprikapulver, grüner Pfeffer, Cayenne-Pfeffer oder gar Currypulver. An Brot sind praktisch alle Sorten geeignet, nur sollte Weißbrot nicht zu frisch sein, da es sich dann nicht gut in Würfel schneiden lässt und diese leicht zerfallen. Wichtiges Zubehör sind eine feuerfeste Schüssel mit Stiel, „Caquelon" genannt sowie ein Spirituskocher mit regulierbarer Flamme und Fonduegabeln.

KÄSE EINMAL ANDERS

ZIEGENKÄSLEIN IN KRÄUTERMARINADE
Für ein Glas à 1 Liter
Je 1 Thymian und
Bohnenkraut
1 Zweig Rosmarin
mehrere flache,
kleine Ziegenkäse
8 schwarze Pfefferkörner
kaltgepresstes Olivenöl

FRISCHER ZIEGENKÄSE MIT KRÄUTERN
4 kleine, frische
Ziegenkäse
2 Schalotten
1 EL Sahne, 1 EL Cognac
5 EL gemischte Kräuter
(Basilikum, glatte Petersilie, Kerbel, Bohnenkraut)
2 EL kaltgepresstes
Olivenöl
Salz, Pfeffer
Korianderpulver

WARMER ZIEGENKÄSE AUF KNOBLAUCH
2 EL Olivenöl
4 dicke Scheiben Baguette
2 Knoblauchzehen
4 Scheiben Ziegenkäse
frisch gemahlener Pfeffer

FRISCHKÄSE MIT OLIVEN UND KAPERN
1 EL Kapern
100 g schwarze Oliven
1 EL kaltgepresstes
Olivenöl
500 g Frischkäse
1 rote Zwiebel
frisch gemahlener Pfeffer

ZIEGENKÄSLEIN IN KRÄUTERMARINADE
Kräuter bei Zimmertemperatur etwas trocknen lassen. Zusammen mit so vielen Käselaibchen in das Glas geben, dass dieses locker gefüllt ist. Pfefferkörner andrücken und zugeben. Mit Olivenöl auffüllen und verschließen. Den Käse etwa 1 Woche marinieren lassen.
Zum Verzehren, den Käse aus dem Glas nehmen, abtropfen lassen, mit wenig frischem Olivenöl beträufeln, pfeffern und mit frischem Bauernbrot essen.

FRISCHER ZIEGENKÄSE MIT KRÄUTERN
Den Ziegenkäse von der Rinde befreien, klein schneiden und mit einer Gabel zerdrücken. Die Schalotten schälen, hacken und mit der Sahne unter den Käse mischen. Den Cognac zufügen. Die Kräuter mit dem Öl vermischen und würzen. Die Mischung zudecken und mindestens 1 Tag durchziehen lassen. Zu kleinen Käslein oder Nocken formen und mit Baguette servieren.

WARMER ZIEGENKÄSE AUF KNOBLAUCH
Backofen mit Oberhitze oder die Heizspirale des Grills vorheizen. Olivenöl erhitzen und die Brotscheiben darin nur hellgelb anrösten. Herausnehmen und auf ein Blech legen. Den Knoblauch schälen und durch eine Knoblauchpresse auf das Brot drücken. Den Käse auf die gewürzten Brotscheiben legen. Die Brote im Backofen überbacken, bis der Käse schmilzt, er darf keine Farbe annehmen. Mit viel Pfeffer aus der Mühle bestreuen und sofort servieren.

FRISCHKÄSE MIT OLIVEN UND KAPERN
Die Kapern abtropfen lassen. Drei Viertel der Oliven entsteinen, klein schneiden und im Mixer mit den Kapern und dem Öl pürieren. In einer Schüssel mit dem Frischkäse mischen und kalt stellen.
Die Zwiebel schälen, in kleine Ringe schneiden und den Käse vor dem Servieren damit garnieren. Den Käse mit Pfeffer würzen und die restlichen Oliven darauf verteilen.

Käseroulade

**Zutaten für
4 bis 6 Personen:**

Für den Teig:
2 Bund Kräuter
(Petersilie, Schnittlauch,
wenig Dill)
6 Eigelbe
2 EL Mehl
3 EL Paniermehl
1 EL geriebener Sbrinz
Salz
frisch gemahlener Pfeffer
Muskatnuss
4 Eiweiße

Für die Füllung:
100 g geriebener
Emmentaler
50 g geriebener
Appenzeller
50 g geriebener
Schweizer Tilsiter
1 gestrichener EL Mehl
2-3 Eier
Salz
frisch gemahlener Pfeffer
Paprikapulver

50 g Schweizer Tilsiter,
in Scheiben geschnitten

Für den Teig die Kräuter waschen, trockenschwenken und fein hacken. Eigelb, Mehl, Paniermehl, Käse und Kräuter miteinander verrühren und würzen. Eiweiß steif schlagen und unter die Masse ziehen.
Den Backofen auf 200 °C vorheizen. Ein Blech mit Backpapier auslegen, die Biskuitmasse darauf ausstreichen und 15 Minuten backen.
Das Blech aus dem Backofen nehmen, das Gebäck mit einem feuchten Küchentuch bedecken und 5 Minuten ruhen lassen. Auf ein Tuch stürzen und mit dem Blech zudecken.

Für den Teig alle Käsesorten mit dem Mehl und den Eier vermischen und würzen.
Das Backpapier vom Biskuit entfernen, die Füllung darauf ausstreichen und die Roulade mit Hilfe des Tuches aufrollen. Wieder auf das mit Backpapier belegte Blech legen und 15 Minuten bei 200 °C im Backofen backen.
5 Minuten vor Ende der Backzeit den Käse über die Roulade legen und schmelzen lassen. Herausnehmen, in Scheiben schneiden und sofort servieren.
Dazu passt Tomatensauce oder gemischter Salat.

Biskuit-Rouladen gehören nicht gerade zum Einfachsten, was sich Hobbyköchinnen oder -köche vornehmen können. Doch mit etwas Übung und einigen Tricks gelingen die gerollt und aufgeschnitten so attraktiv wirkenden Backwaren auch Anfängern. Einer dieser Tricks besteht darin, den aus dem Blech auf ein Tuch gestürzten, noch warmen Biskuit bis zur Weiterverarbeitung mit dem Blech zuzudecken, so dass durch den sich niederschlagenden Dampf das Gebäck weich bleibt.

Kanadische Cheddar-Shorties

225 g Cheddar
80 g Butter
150 g Mehl
½ TL Paprikapulver, edelsüß
¼ TL Senfpulver
1 Prise Cayennepfeffer

Milch zum Bestreichen
Mohn zum Bestreuen
etwas Fett für das Blech

Den Käse reiben. Die Butter cremig rühren und den Käse nach und nach unterrühren. Das Mehl mit Paprika- und Senfpulver sowie Cayennepfeffer würzen und mit der Buttermasse zu Teig verkneten. Aus dem Teig Rollen mit 3 cm Durchmesser formen, in Alufolie wickeln und 1 Stunde in den Kühlschrank legen.
Den Backofen auf 190 °C vorheizen. Ein Blech fetten.
Die Teigrollen in etwa 5 mm dicke Scheiben schneiden. Die Teigscheiben auf das gefettete Blech legen, mit Milch bestreichen und mit Mohn bestreuen.
Die Shorties in 8 bis 10 Minuten goldgelb backen.

Shorties sind Plätzchen. Diese Shorties kann man gut als Knabbergebäck zu Wein oder Bier oder als Beigabe zu einer Käseplatte reichen. Sie werden aus Cheddarteig zubereitet, wobei man nicht unbedingt auf kanadischen Cheddar zurückgreifen muss, denn englischer tut es auch. Engländer bevorzugen Cheddar in möglichst reifem Zustand einfach mit frischem dunklem oder weißem Brot, Butter und Mixed Pickles oder Gewürzgurken. Dazu gibt es englisches Bier oder Rotwein aus Burgund. Weil Cheddar leicht schmilzt, kann man ihn in der Küche zu allen möglichen Käsegerichten – von Toasts bis zu Backwerk – verwenden. Aber wenn Sie einen Engländer fragen, wird er Ihnen sagen, dass Cheddar eigentlich zu allem passt. Vorausgesetzt, es handelt sich um Cheddar aus der Milch von Shorthorn- oder Ayrshire-Kühen, hergestellt im klassischen Farmhouse-Verfahren. Das aber kann sich auch in England heute kaum jemand mehr leisten.

KÄSEWAFFELN

3 Eigelbe
125 g Butter
5 EL Sahne
⅛ Liter Milch
Salz
frisch gemahlener Pfeffer
1 Prise Zucker
75 g Edamer
1 Zwiebel
200 g Mehl
1 EL Öl

75 g geraffelter Edamer zum Bestreuen

Für den Teig die Eigelbe mit der Butter schaumig rühren, Sahne und Milch unterrühren und mit Salz, Pfeffer und Zucker würzen. Den Käse reiben und mit der Eiermilch verrühren.
Die Zwiebel schälen, fein reiben und unter die Eier-Käse-Masse mischen. Erst jetzt das Mehl zufügen und alles zu glattem Teig verarbeiten. Den Teig 30 Minuten ruhen lassen.
Ein Waffeleisen vorheizen und mit Öl auspinseln. Portionsweise Teig hineingeben und in jeweils 4 bis 5 Minuten zu Waffeln backen. Die Waffeln auf einer vorgewärmten Platte stapeln. Die Waffeln heiß mit geriebenem oder geraffeltem Edamer zur Selbstbedienung servieren.
Dazu passt am besten ein gemischter Salat.

Edamer Kaas war ursprünglich ein holländischer Bauernkäse, benannt nach der Stadt Edam in Nordholland – nicht, weil er hier in großem Umfang produziert worden wäre, sondern weil der Käse von Edam aus in alle Welt verschifft wurde. Heute wird der Käse in großen Käsereien hergestellt, und als Mittelpunkt des Edamer-Gebietes gilt die Stadt Alkmaar, auf deren Marktplatz allwöchentlich am Freitag während der Sommermonate der berühmte Käsemarkt stattfindet. Edamer gibt es immer seltener in der traditionellen Kugelform. Die Brotform, bis zu zwanzig Kilogramm schwer, ist praktischer. Früher hatte Edamer einen roten oder auch gelben Wachsüberzug. Er wich mittlerweile einer weichen Kunststoffhülle.

Bulgarische Käse-Pitka

Für den Teig:
500 g Weizenmehl
25 g Hefe
1 TL Zucker
¼ Liter Wasser
1 TL Salz

Für die Füllung:
250 g Feta oder Hüttenkäse
1 Ei

1 Eigelb zum Bestreichen

Für den Teig das Mehl in eine Schüssel sieben und in die Mitte eine Vertiefung drücken. Die Hefe zerbröckeln, mit dem Zucker und etwas lauwarmem Wasser in die Mulde geben und mit einem Teil des Mehls verrühren. Den Vorteig 40 bis 60 Minuten an einem warmen Ort gehen lassen.
Das Salz und das restliche Wasser zum Vorteig geben und mit dem restlichem Mehl verrühren. Den Teig kräftig mit dem Rührlöffel schlagen – oder den Knethaken des Handrührgeräts verwenden – bis er sich von der Schüsselwand löst. Den Teig zur Kugel formen und nochmals 30 bis 40 Minuten gehen lassen.
Den Backofen auf 220 °C vorheizen. Ein Blech fetten.
Den Teig etwa 45 x 45 cm groß ausrollen in 15 cm große Quadrate schneiden.

Für die Füllung den Käse mit dem Ei geschmeidig rühren. Auf jedes Teigviereck einen Esslöffel Füllung setzen, die Ecken zur Mitte einschlagen und festdrücken. Die Pitka auf das Blech geben, mit verquirltem Eigelb bestreichen und in 12 bis 15 Minuten goldgelb backen.

In den Ländern des Balkans und am östlichen Mittelmeer werden einige Weißkäsesorten hergestellt, die sich auch bei uns viele Freunde gemacht haben, ausgelöst teils durch Urlauberströme, teils durch die Zuwanderung von Gastarbeitern. Am bekanntesten ist der griechische Feta. Er wird ebenso wie der bulgarische Sirene vorwiegend aus Schaf- oder Ziegenmilch bereitet. Beide Käsesorten kann man frisch verzehren, oder aber auch monatelang in einer Salzlake lagern – daher die Bezeichnung Lakekäse. Der Salzgehalt der gelagerten Käse liegt zwischen vier und zehn Prozent.

Käseschnecken mit Kräutern

Für 18 bis 20 Stück

Für den Teig:
200 g Mehl
1 EL Salz
100 g kalte Butter oder Margarine

Für die Füllung:
3 Bund Petersilie
½ Bund Dill
1 Bund Schnittlauch
2 Zweige Basilikum
5-6 Blätter Pfefferminze
100 g geriebener Emmentaler
2 Eier
Salz
frisch gemahlener Pfeffer

Für den Teig das Mehl sieben und mit dem Salz vermischen. Das kalte Fett in Stücke teilen und mit bemehlten Händen nach und nach mit dem Mehl verreiben. 75 ml kaltes Wasser zufügen und alles rasch zu einem glatten, geschmeidigen Teig verarbeiten. Den Teig mindestens 30 Minuten kalt stellen.

Für die Füllung alle Kräuter waschen und fein hacken. Mit dem Käse und den Eiern vermischen, salzen und pfeffern.
Den Teig rechteckig ausrollen und die Füllung am besten mit einem Gabelrücken darauf verteilen. Die Teigplatte von der schmalen Seite her fest aufrollen und 30 Minuten kühl stellen. Den Backofen auf 220 °C vorheizen. Ein Blech mit Backpapier auslegen. Die Teigrolle in 1,5 bis 2 cm dicke Scheiben schneiden. Auf das Blech legen und in etwa 20 Minuten backen. Noch warm servieren.

Diese würzigen Schnecken können nicht nur als Vorspeise oder als kleine Zwischenmahlzeit serviert werden, sondern passen auch gut als Beilage zu einer Salatmahlzeit. Sie sind einfach und schnell zuzubereiten und können selbstverständlich auch mit anderen Füllungen bestrichen werden. Eine Möglichkeit ist beispielsweise, sie mit einer Mischung aus Käse, Ei und ganz fein gehacktem Schinken zu füllen.

Bieler Käsestrübli

Für den Teig:
3-4 Eier
350 g Mehl
150 g geriebener Gruyère
350 ml Weißwein (Twanner)
200 ml süße Sahne
1 EL Öl
Salz
frisch gemahlener Pfeffer
Paprikapulver
Cayennepfeffer

Zum Bestreuen:
3 EL geriebener Gruyère
2 EL Kümmel

Öl zum Frittieren

Für den Teig die Eier verquirlen. Das Mehl sieben und mit Käse, Wein, Sahne und Öl zu den Eiern geben. Mit Salz, Pfeffer, Paprikapulver und Cayennepfeffer würzen. Alles zu einer glatten Teigmasse verarbeiten und 30 Minuten ruhen lassen.
Das Öl in einer Pfanne oder einer Fritteuse erhitzen. Den Backofen auf 50 °C anwärmen. Den Teig portionenweise in einen Trichter mit großer Ausflussöffnung füllen und beim Einfüllen die Trichteröffnung unten mit dem Mittelfinger verschliessen. Mit dem Trichter eine Teigspirale (innen beginnend) ins heiße Öl spritzen und diese beidseitig goldbraun backen oder frittieren. Die Trichteröffnung nach Beendigung des Spritzvorganges mit dem Finger wieder verschliessen. Immer nur ein Strübli aufs Mal backen und im Backofen warm halten, bis alle gebacken sind. Die Strübli vor dem Servieren mit Käse und Kümmel bestreuen. Dieses Spritzgebäck passt ausgezeichnet zu einem Glas Wein oder Apfelwein.

Diese originellen Käseküchlein gelten zwar als Bieler Spezialität – dazu macht sie vor allem der aus den Rebbergen am Ufer des Bielersees stammende Twanner –, ähnliche Rezepte gibt es aber auch in anderen Gegenden der Schweiz. So etwa im Appenzellischen, wo – natürlich mit Appenzeller Käse – unter der Bezeichnung „Chäshappech" ein fast identisches Gebäck zubereitet wird. Am einfachsten ist es, wenn man beim Backen eine Hilfe hat, die das Spritzen der Strübli übernimmt.

Käsestrudel

Für den Teig:
250 g Mehl
2 EL Öl
1 Ei
1 TL Salz
1 TL Zitronensaft

Für die Füllung:
2 Zwiebeln
je 1 rote und grüne
Paprikaschote
3 EL Öl
3 verquirlte Eigelbe
4 EL Paniermehl
100 g geriebener
Schweizer Tilsiter
Salz
frisch gemahlener Pfeffer
Paprikapulver
frisch geriebene Muskatnuss
2 Eier

Für den Teig das Mehl in eine Schüssel sieben und mit 100 ml lauwarmem Wasser, Öl, Ei, Salz und Zitronensaft vermischen. Den Teig 10 bis 15 Minuten durchkneten, bis er ganz elastisch ist. In Klarsichtfolie wickeln und 1 Stunde ruhen lassen.
Den Backofen auf 200 °C vorheizen. Ein Blech mit Backpapier auslegen.

Für die Füllung die Zwiebeln schälen und fein hacken. Die Paprikaschoten waschen, putzen und das Fruchtfleisch in Streifen schneiden. Das Öl erhitzen und Zwiebel- und Paprikastücke darin 5 Minuten dünsten. Die Mischung auskühlen lassen und mit den verquirlten Eigelben, Paniermehl und Käse vermischen. Mit Salz, Pfeffer und Muskatnuss würzen.
Die Eier trennen, das Eiweiß steif schlagen und unter die Füllung heben.
Den Teig auf einem bemehlten Tuch sehr dünn ausrollen. Die Füllung so auf dem Teig ausstreichen, dass rundum ein Rand von 3 cm frei bleibt. Diesen Rand mit etwas Eigelb bestreichen. Den Strudel mit Hilfe des Tuches aufrollen und die Seiten nach unten umbiegen. Auf das Blech setzen und mit dem restlichen Eigelb bestreichen. Den Strudel etwa 30 Minuten backen. Vor dem Servieren 5 Minuten ruhen lassen. Dazu passt Salat.

*E*s gibt nicht wenige, ansonsten versierte und experimentierfreudige Köchinnen und Köche, die um alles, was mit Strudelteig zubereitet wird, einen großen Bogen machen. Es ist wirklich nicht einfach, den entsprechenden Teig in der genau richtigen Elastizität herzustellen, dass man „durch den Teig hindurch eine Zeitung lesen kann", wie es die Faustregel vorschreibt. Nun sind aber Strudelgebäcke eine so feine Sache, dass es sich lohnt, die Handhabung ein paarmal zu üben, auch wenn das Resultat zu Beginn noch nicht begeistert, und da und dort geflickt werden muss, damit die Füllung nicht ausfließt. Mit der Zeit stellt sich so eine gewisse Erfahrung ein, und man hat es im Gefühl, wie der Teig beschaffen sein muss, damit er nicht reißt.

Saarländer Brie-Äpfel

4 mittelgroße säuerliche
Äpfel
Zitronensaft
200 g Brie
3 Eier
3 EL Sahne
3 EL Milch
Salz
frisch gemahlener
weißer Pfeffer
frisch geriebene
Muskatnuss
1 EL Zucker
2 EL Weißwein

1 EL Butter für die Form

Die Äpfel waschen, am Stielansatz jeweils einen Deckel abschneiden und das Kernhaus mit etwas Fruchtfleisch herausschneiden. Die Äpfel innen mit Zitronensaft beträufeln. Das herausgelöste Fruchtfleisch fein würfeln und ebenfalls mit Zitronensaft beträufeln, damit es sich nicht an der Luft braun verfärbt. Den Käse in kleine Würfel schneiden, mit dem Apfel-Fruchtfleisch vermischen und in die Äpfel füllen.
Den Backofen auf 180 °C vorheizen. Eine feuerfeste Form mit Butter ausstreichen und die gefüllten Äpfel einsetzen.
Eier, Sahne und Milch miteinander verquirlen und mit Salz, Pfeffer und Muskatnuss würzen. Die Mischung langsam auf die Füllung in den Äpfeln gießen. Die Deckel wieder aufsetzen. Zucker und Wein verrühren und die Äpfel mit diesem Zuckerwasser bestreichen.
Die Form in den heißen Backofen stellen und die Äpfel etwa 15 Minuten backen.
Heiß als Nachspeise reichen.

Auf dem Wiener Kongress (1814–1815) wurde nicht nur Europa neu geordnet, sondern auch fleißig getanzt und getafelt. Da sich die Fachleute stritten, welcher Käse am besten schmecke, veranlasste der große Diplomat und Feinschmecker Talleyrand eine Käseschau mit Abstimmung. Ergebnis: Der Brie wurde zum Roi des Fromages, zum König der Käse, gewählt, was einen Beobachter zu dem Ausruf hinriss: „Frankreich hat einen Krieg verloren, aber die Welt einen Käse gewonnen." Damals hatte der Brie schon eine mindestens sechshundertjährige Geschichte. Könige schätzten, Dichter besangen ihn – so Alexandre Dumas, dessen „Drei Musketiere" jede Mahlzeit mit Brie beendeten.

Gorgonzola-Birnen

4 große Birnen
1 EL Zitronensaft
2 EL gehackte Walnüsse
65 g Gorgonzola
20 g Butter
8 Cocktailkirschen

Die Birnen waschen, schälen und halbieren, dabei das Kernhaus herausschälen und die Birnenhälften etwas aushöhlen. Die Birnenhälften innen und außen mit Zitronensaft beträufeln. Die Unterseiten in den Walnüssen wälzen.
Den Gorgonzola zerdrücken und mit der Butter schaumig rühren. Die Käsecreme mit einem Spritzbeutel mit Sterntülle dekorativ in die Birnenhälften spritzen. Jede Birnenhälfte mit einer Kirsche garnieren.
Gorgonzola-Birnen gut gekühlt als Nachtisch reichen. Dazu passt kräftiger italienischer Weißwein.

Es gibt nicht viele Rezepte für komplette Gerichte aus Gorgonzola. Meist wird der italienische Blauschimmelkäse „pur" gegessen, als Dessert mit einem Stück Weißbrot oder auch zum Abendbrot. Eine große Käseplatte kann nicht auf ihn verzichten. Im Gegensatz zu einer weit verbreiteten Meinung ist der Gorgonzola keine Roquefort-Kopie, sondern ein eigenständiger Käse, der sich im Übrigen von der französischen Verwandtschaft durch milderen Geschmack, niedrigeren Salzgehalt und bessere Streichfähigkeit unterscheidet. Gorgonzola gibt es schon seit rund tausend Jahren. Er ist benannt nach der gleichnamigen Kleinstadt nordöstlich von Mailand, wo sich einst die zu Winteranfang von den Bergen ins Tal getriebenen Viehherden sammelten. Um diese Zeit waren die Kühe müde (italienisch: stracco) und gaben nur wenig Milch. So hieß denn der daraus produzierte Käse zunächst „Stracchino di Gorgonzola". Davon blieb nur die Ortsbezeichnung übrig.

Tiramisu

200 g Zucker
4 Eigelbe
4 cl Amaretto-Likör
500 g Mascarpone
250 g Löffel-Biskuits
2 Tassen Espresso
2 cl Kirschgeist

2 EL dunkler Kakao zum Überstauben

In einer Schüssel Zucker und Eigelbe schaumig aufschlagen – mindestens 8 Minuten lang. Mit der Hälfte des Amaretto aromatisieren. Die elastisch-feste Creme vorsichtig mit dem Schneebesen unter den Mascarpone heben. Eine rechteckige, flache Porzellanform mit Löffelbiskuits auslegen, mit 1 Tasse abgekühltem Espresso tränken und mit dem Kirschgeist beträufeln. Darüber eine Lage der Mascarpone-Creme geben. In die Cremeschicht wieder Löffelbiskuits setzen, mit dem übrigen Espresso tränken und mit dem restlichen Amaretto beträufeln. Darauf noch einmal eine Cremeschicht aufstreichen, glätten und mit dunklem Kakaopulver überstauben.
Am besten eine Nacht, mindestens jedoch 6 Stunden, im Kühlschrank durchziehen lassen.

Glaubt man der italienischen Bedeutung des Tiramisú so bleibt kein Zweifel offen, was dieses Biskuit-Mascarpone-Dessert bewirkt: Die raffinierte Komposition aus Espresso, Likör und Biskuit – sicher von venezianischer Lebensart – , richtet einen leichtfüßig auf, und der gewaltige Mascarpone-Kalorienschlag – wohl aus der Lombardei stammend – stärkt dem eben Aufgerichteten Rücken und Beine.
Die Komposition wurde in den 1960er Jahren in Treviso, Italien, kreiert und hat sich schnell einen Stammplatz auf internationalen Speisekarten erobert.

Quarkcreme mit Sauerkirschen

8 bis 10 Personen

2 Eier
¼ Liter süße Sahne
500 g Magerquark
50 g Zucker
Saft und abgeriebene Schale von
½ unbehandelten Zitrone
2 Gläser entsteinte Sauerkirschen (Füllmenge je etwa 680 g)
75 g Cashewnusskerne
50 g Löffelbiskuits
50 g italienische Mandelmakronen (Amaretti)
2–3 EL geraspelte Schokolade

Die Eier trennen. Zuerst die Eiweiße, dann die Sahne steif schlagen. Den Quark mit Eigelb, Zucker, Zitronensaft und Zitronenschale verrühren. Den Eischnee und die Sahne unterziehen. Die Sauerkirschen abtropfen lassen. Die Nüsse hacken. Die Löffelbiskuits und die Makronen grob zerbröseln.
Quarkcreme, Sauerkirschen, Nüsse und Gebäckbrösel schichtweise in eine Schüssel geben und mit der Raspelschokolade bestreuen. Zugedeckt im Kühlschrank mindestens 5 Stunden ziehen lassen.

Nach einem üppigen Festessen schmeckt dieses leichte Dessert besonders fein. Es erinnert an eine Götterspeise in der klassischen Küche, die nämlich kein bunter Wackelpudding, sondern eine delikate Mischung aus Quark, Sahne, Kirschen oder Preiselbeeren und Schokolade war. Die Pumpernickel im Original sind hier durch Kekse ersetzt. Denn besonders die Mandelmakronen machen die Creme schön locker und geben ihr ein likörähnliches Aroma. Wer keine Eier essen mag, nimmt statt dessen etwas mehr Sahne.

QUARKTORTE

Für eine Springform von 26 cm Durchmesser

Für den Teig:
200 g Mehl
100 g Butter
2 Eigelbe
1 Prise Salz
50 g Zucker

Für die Füllung:
300 g fester Ricotta-Quark (ersatzweise 400 g Topfen oder Schichtkäse)
100 g Rundkornreis
100 ml Milch
abgeriebene Schale von 1/2 unbehandelten Orange
1 gute Messerspitze Zimt
125 g Zucker
1 Prise Salz
50 g gemischtes und gewürfeltes Orangeat und Zitronat
2 Eier
1 TL Orangenblütenwasser (aus der Apotheke)
2 Eiweiße
2 EL Pinienkerne
1 EL Puderzucker

Mehl und Butter für die Form

Für den Teig das Mehl in eine Schüssel sieben. Die Butter in Flocken, Eigelb, Salz und Zucker zugeben und alles zu einem festen Teig verkneten. Zu einer Kugel formen, in Frischhaltefolie wickeln und bis zur Weiterverarbeitung kühl aufbewahren.

Für die Füllung den Quark in ein sauberes Küchentuch geben und die Molke ausdrücken. Das Tuch mit dem Quark in ein Sieb über eine Schüssel legen, nach 10 Minuten erneut ausdrücken, Den Quark in eine Schüssel geben. Den Reis mit der Milch, der Orangenschale und Zimt in einem Topf zum Kochen bringen. Die Hitze reduzieren und den Reis unter gelegentlichem Rühren bei schwacher Hitze in 20 Minuten ausquellen lassen. Den Reis zum Quark geben. Zucker, Salz, Orangeat und Zitronat, Eier und das mit 1 TL Wasser verrührte Orangenblütenwasser zufügen und alles gründlich vermischen.
Den Backofen auf 175 °C vorheizen. Die Springform mit Butter einpinseln und mit Mehl bestauben.

Vom Teig ein Viertel abschneiden und beiseite legen. Teig ausrollen und die Form einschließlich des Randes damit auskleiden. Den oberen Rand gerade schneiden. Eiweiß zu steifem Schnee schlagen und unter die Quarkmasse heben. Diese in die Form füllen. Den restlichen Teig ausrollen, in Streifen schneiden und damit den Kuchen gitterartig verzieren. Die Pinienkerne in die Freiräume streuen.
Den Kuchen 1 Stunde backen. Kurz bei etwas geöffneter Backofentür im ausgeschalteten Backofen lassen. Kuchen vorsichtig auf ein Kuchengitter schieben, nach dem Abkühlen mit Puderzucker bestreuen.

Die Quarktorte „Crostata di ricotta" wird in Italien, wie in südlichen Ländern üblich, als Dessert gegessen. Sie schmeckt besonders gut mit Früchten der Jahreszeit, mit Weintrauben, Pfirsichen, Aprikosen oder Orangen als Fruchtsalat.

Käse-Büfett

Käse verschiedener Sorten
Brot- und Brötchensorten
Butter
Salzstangen und –brezeln
dünn geschnittene Rettiche
Tomaten
Radieschen
frisches Obst (Weintrauben, Melonenspalten, saftige Birnen und Pfirsiche)
Walnusskerne
Salzmandeln
Erdnüsse

Für ein Käse-Büfett den Käse am Stück mit jeweils etwas Rinde auf dekorative Holzplatten geben. Die Beilagen kann man als Garnitur beim Käse beziehungsweise in Körben, Schüsseln oder auf Tellern anrichten.

Für die Auswahl eines Käsesortiments empfiehlt es sich, mindestens je einen Vertreter aus den nachstehenden Hauptgruppen zu nehmen:
- Feinmilde Käse: Tilsiter, Gouda, Edamer, Geheimrats-, Trappisten-, Wilstermarsch-Käse
- Kernige Käse: Emmentaler, Bergkäse, Appenzeller, Gruyère
- Aromatische Käse: Edelpilzkäse (z. B. Danablu, Bavaria blu, Roquefort, Gorgonzola), Butterkäse, Weißlacker, Steinbuscher
- Herzhafte Käse: Camembert, Brie, Limburger, Romadur, Münster, Weinkäse
- Würzige Käse: Harzer, Mainzer, Stangen- oder Handkäse, Quargl und Kochkäse
- Pikante Käse: Schaf- und Ziegenkäse, würzige Schmelzkäse-Variationen.

*E*in Käse-Büfett lässt sich vielseitig gestalten. Je nach Marktangebot kann man auch etwa ein Büfett mit Käse nur aus einem bestimmten Land herrichten. Oder eine Auswahl in Verbindung mit einer Weinprobe anbieten beziehungsweise eine Käseplatte anrichten, die man zum Abschluss einer Mahlzeit reicht.

Kleines Lexikon der Käsesorten

* geschützte Handelsmarken

Bezeichnung Gattung	Herkunftsländer	Milchart Fett i. Tr.	Handelsform Gewicht	Teigbeschaffenheit; Geschmack
Appenzeller Hartkäse	Schweiz	Kuh 50 %	Mühlstein 6–8 kg	elfenbeinfarbig-hell, wenige kleine Löcher; würzig-kräftig
Bavaria blu* Halbfester Schnittkäse (Edelpilzkäse)	Deutschland	Kuh 70 %	Torte ca. 1 kg	rahmgelb, blaue Edelpilzadern; sahnig-mildwürzig
Bei Paese* (Italico-Typ) Halbfester Schnittkäse	Italien	Kuh 48–50 %	Laib ca. 2 kg	elfenbeinfarbig bis gelblich; mild, leicht säuerlich
Bergkäse Hartkäse	Deutschland Alpenländer	Kuh 45–50 %	Laib bis 50 kg	weiß bis mattgelb, wenige Löcher; aromatisch, leicht säuerlich
Bleu de Bresse Halbfester Schnittkäse (Edelpilzkäse)	Frankreich	Kuh 50 %	Zylinder bis 500 g	cremig, blaue Edelpilzadern; würzig-pikant
Brie Weichkäse mit Außenschimmel	Frankreich Deutschland	Kuh 45, 50, 60 %	Torte bis 3 kg	weiß bis rahmgelb; aromatisch-mild, champignonähnlich
Brinza (Telemea) Lake-Weichkäse	Rumänien, andere Balkanländer	Schaf 42%	Quader ca. 1 kg	weiß bis hellgelb; pikant, säuerlich-salzig
Butterkäse Halbfester Schnittkäse	Deutschland	Kuh 45, 50, 60 %	Laib bis 1,5 kg	butterfarben, ohne Löcher; mild bis feinsäuerlich
Caciocavallo (Filata-Typ) Hartkäse (Brühkäse)	Italien	Kuh 44 %	Kugeln, Birnen bis 6 kg	elfenbeinfarbig bis gelblich; mild bis pikant oder auch scharf
Caerphilly Weichkäse (Frischkäse)	Großbritannien	Kuh 48 %	Flachzylinder 3,6 kg	schneeweiß, oft krümelig; mild-säuerlich, buttermilchähnlich
Camembert Weichkäse mit Außenschimmel	Frankreich Deutschland	Kuh 30, 40, 45, 50, 60 %	Flachzylinder bis 330 g	weiß bis rahmgelb, mild-aromatisch bis scharf-pikant (je nach Alter)
Cantal Hartkäse	Frankreich	Kuh 45–50 %	Zylinder bis 45 kg	blaßgelb; haselnußartig, wenig ausgeprägt, im Alter pikanter
Cheddar (auch: Chester) Hartkäse	Großbritannien Deutschland	Kuh 45–50 %	Zylinder, Block bis 27 kg	cremig bis rötlich (gefärbt); nußartig, säuerlich bis pikant
Cheshire (auch: Chester) Hartkäse	Großbritannien	Kuh 45–50 %	Zylinder, Block bis 22 kg	hellgelb bis orangefarben, schwach säuerlich bis pikant; blauer Cheshire mit Innenschimmel
Chester (in Deutschland hergestellter Cheddar) Hartkäse	Deutschland	Kuh 45, 50 % (Schmelzkäse auch weniger)	Zylinder, Block bis 30 kg, Fass bis 200 kg	wie Cheddar
Comté Hartkäse	Frankreich	Kuh 45 %	Mühlstein bis 50 kg	hellgelb bis dunkelgelb; mild-würzig bis (im Alter) pikant
Cottage Cheese Gekörnter Frischkäse (Hüttenkäse*, Jocca*)	USA Deutschland	Kuh 10–20 %	abgepackt in Portionsbehältern	weiß, körnig-krümelig; mild-säuerlich
Coulommiers Weichkäse mit Außenschimmel	Frankreich	Kuh 45–50 %	Torte ca. 500 g	cremig blaßgelb; mild bis pikant (ähnlich wie Brie)
Danablu Halbfester Schnittkäse (Edelpilzkäse)	Dänemark	Kuh 50 %	Zylinder bis 3 kg	cremefarben, blaugrüne Edelpilzadern; scharf-pikant und rein
Danbo Fester Schnittkäse	Dänemark	Kuh 30–45%	Block 6 kg	cremefarben bis hellgelb, kleine Löcher; mild-aromatisch, frisch
Double Gloucester Hartkäse	Großbritannien	Kuh 45%	Zylinder 28 kg	strohgelb-butterfarben, keine Löcher; mild, voll, fruchtig
Edamer Fester Schnittkäse	Niederlande Deutschland	Kuh 30, 40, 45, 50 %	Laib bis 20 kg Kugeln bis 2 kg	elfenbeinfarben bis goldgelb, wenige kleine Löcher; mild, leicht süßlich

Bezeichnung Gattung	Herkunftsländer	Milchart Fett i. Tr.	Handelsform Gewicht	Teigbeschaffenheit: Geschmack
Edelpilzkäse Halbfester Schnittkäse mit Innenschimmel	Deutschland	Kuh 45, 50, 60 %	Rundform, Trommel bis 5 kg	weiß bis gelblich, dunkelgrüne bis blaue Edelpilzadern; pikant bis kräftig pikant
Emmentaler („Schweizer Käse") Hartkäse	Schweiz Deutschland (Allgäuer Emmentaler)	Kuh 45%	Mühlstein bis 130 kg	mattgelb, regelmäßig verteilte kirschkerngroße Löcher; aromatisch-mild und nußartig, nach Reife kräftiger
Esrom Halbfester Schnittkäse	Dänemark	Kuh 45%	Block bis 1,5 kg	gelblichweiß, reiskorngroße Löcher; süßlich-mild bis pikant-kräftig
Feta in Lake eingelegt Weichkäse	Griechenland Jugoslawien	Schaf, Ziege, Kuh 45–60 %	Rechteck ca. 1 kg	cremig weiß (Kuhmilch-Feta: gelblich); säuerlich-salzig bis scharf
Fontina Fester Schnittkäse	Italien	Kuh 45%	Flachzylinder bis 18 kg	cremefarben bis strohgelb, wenige kleine Löcher; aromatisch würzig, süßlich
Frischkäse Weichkäse	Deutschland	Kuh 8 Stufen (10 bis 60 %)	meist Fertigpackungen 50 oder 62,5 g	milchig-weiß bis schwachgelb; frisch, feinsäuerlich
Fynbo Fester Schnittkäse	Dänemark	Kuh 45 %	Laib bis 7 kg	cremefarben bis strohgelb, wenig kleine Löcher; mild-aromatisch
Geheimratskäse Fester Schnittkäse	Deutschland	Kuh 45%	Kugel 500 g	cremefarben bis goldgelb; leicht süßlich, mild (ähnlich wie Edamer)
Gloucester siehe Double Gloucester				
Gomser siehe Raclette				
Gorgonzola Halbfester Schnittkäse (Edelpilzkäse)	Italien	Kuh 48%	Zylinder bis 12 kg	cremefarben, blauviolette Edelpilzadern; ausgeprägt würzig bis pikant
Gouda Fester Schnittkäse	Niederlande Deutschland (Deutscher Gouda)	Kuh 30, 40, 45, 50 %	Laib, Block bis 20 kg	elfenbeinfarben bis buttergelb, wenige erbsengroße Löcher; je nach Alter mild bis leicht pikant
Gruyère (Greyerzer) Hartkäse	Schweiz Frankreich	Kuh 45%	Flachzylinder bis 45 kg	elfenbeinfarben bis gelblich, mittelgroße Löcher; würzig-kräftig
Harzer Sauermilchkäse mit Außenschimmel oder Rotkultur	Deutschland	Kuh bis 10 %	Laib, Stange bis ca. 40 g	Weißschimmel oder Rotschmiere, je nach Reife innen weißlich bis gelb; leicht bis sehr pikant. Kümmelwürze
Havarti Fester Schnittkäse („Dänischer Tilsiter")	Dänemark	Kuh 30, 45, 60 %	Zylinder, Brotform, Würfel bis 14 kg	elfenbeinfarben bis hellgelb, viele kleine Löcher; würzig, pikant, leicht säuerlich
Hervé Weichkäse	Belgien	Kuh 46–63 %	Würfel, Stange bis 400 g	hellgelb (wie Limburger); sehr pikant bis kräftig, leicht salzig
Kochkäse Schmelzkäse (Sauermilchkäse)	Deutschland	Kuh 8 Stufen (10 bis 60 %)	Fertigpackungen bis 250 g	gelblich bis gelbbräunlich, glasig; je nach Zusätzen mild bis pikant
Limburger Weichkäse mit Außenschmiere (Rotkultur)	Deutschland	Kuh 20, 30, 40, 45, 50 %	Stangen, Blöcke bis 1 kg	weiß bis hellgelb, wenig Löcher; würzig bis pikant (je nach Reifezustand)
Livarot* Weichkäse mit Außenschmiere (Rotkultur)	Frankreich	Kuh 40 %	Zylinder bis 500 g	cremig bis goldgelb, keine Löcher; aromatisch-kräftig bis sehr pikant

Bezeichnung Gattung	Herkunftsländer	Milchart Fett i. Tr.	Handelsform Gewicht	Teigbeschaffenheit; Geschmack
Mainzer (Handkäs) Sauermilchkäse mit Außenschimmel oder Rotkultur	Deutschland	Kuh bis 10 %	Laib, Stange bis ca. 40 g	außen goldgelb bis rötlichbraun, innen gelblich; mild-aromatisch bis leicht pikant, Kümmelwürze
Manchego Hartkäse	Spanien	Schaf 50–62%	Flachzylinder bis 3 kg	weiß bis rahmgelb, wenige kleine Löcher; leicht säuerlich, aromatisch
Mascarpone (dickgelegte Sahne)	Italien	Kuh oder Ziege 40 %	abgepackt in Portionsbehältern	gelb-weiß, weich, streichfähig; milchig-aromatisch
Mozzarella (Filata Typ) Frischkäse (Brühkäse)	Italien	Büffel, Kuh 44 %	Kugel, Ei bis 1 kg	weiß-cremig, glatt; aromatisch, zart, süßsauer
Münster Weichkäse mit Außenschmiere (Rotkultur)	Frankreich Deutschland	Kuh 45, 50 %	Rundlaib bis 500 g	weißgelb mit gelblichroter Haut; mild und fein, im Reifezustand pikant (nach dem Vorbild des franz. Munster.
Parmesan (Parmigiano Reggiano*) Hartkäse	Italien	Kuh 32 %	Zylinder bis 30 kg	strohgelb bis cremig, körnig; leicht scharf bis (je nach Alter) pikant
Pecorino Hartkäse	Italien	Schaf, Kuh 36–45 %	Zylinder bis 22 kg	cremig bis gelb und dunkelgelb; mild und würzig bis pikant (je nach Alter)
Pont-l'Evéque* Weichkäse	Frankreich	Kuh 45–50 %	Block bis 400 g	kräftig gelb, wenige Löcher; würzig bis pikant, mit Erdgeschmack
Port-du-Salut (Port-Salut) Halbfester Schnittkäse	Frankreich	Kuh 40–50 %	Zylinder bis 2 kg	elfenbeinfarben bis blaßgelb; sehr mild, schwach aromatisch
Provolone (Filata-Typ) Hartkäse (Brühkäse)	Italien	Kuh 44 %	Kugel, Birne, Zylinder u. a. bis 100 kg	elfenbeinfarben bis gelborange; je nach Alter mild, pikant oder auch scharf
Pyrenäenkäse Fester Schnittkäse	Frankreich	Kuh (früher Schaf) 45 %	Zylinder bis 4 kg	leicht gelblich, viele kleine Löcher; leicht säuerlich bis kräftig aromatisch, pikanter Nachgeschmack
Quark (Speisequark) Frischkäse	Deutschland	Kuh 10, 20, 40 %	Fertigpackungen 250–500 g	milchigweiß bis rahmgelb (je nach Fettgehalt); frisch milchsauer
Raclette (Walliser Raclette) Fester Schnittkäse	Schweiz	Kuh 45 %	Laib bis 7,5 kg	gelblich, keine oder nur kleine Lochung; würzig-pikant, nach Alterung schärfer (viele lokale Sortenbezeichnungen, z. B. Gomser)
Reblochon* Halbfester Schnittkäse	Frankreich	Kuh 45 %	Flachzylinder bis 1,8 kg	blaßgelb; mild-sahnig bis würzig-nußartig
Ricotta Frischkäse (Molkenkäse)	Italien	Molke von Kuh oder Schaf 20–30 %	Flachzylinder bis 1,5 kg	milchweiß bis leicht gelblich; frischsäuerlich (viele Varianten, Nebenprodukte der Pecorino-Erzeugung)
Romadur Weichkäse mit Außenschmiere (Rotkultur)	Deutschland	Kuh 20, 30, 40, 45, 50, 60 %	Block bis 180 g	weiß bis hellgelb, wenige kleine Löcher; milder als Limburger, leicht pikant
Roquefort* Halbfester Schnittkäse (Edelpilzkäse)	Frankreich	Schaf 55 %	Laib ca. 2,5 kg	cremig mit grüngrauen bis blauen Edelpilzadern; würzig bis kräftig, nach Schafmilch
Saint-Maure Weichkäse	Frankreich	Ziege 45 %	Rolle, Pyramide ca. 300 g	cremig bis gelblich; mild, nach Ziegenmilch
Saint-Paulin Halbfester Schnittkäse	Frankreich	Kuh 50 %	Flachzylinder bis 2 kg	cremig bis strohgelb; zart und mild
Sardo (Pecorino Sardo) Hartkäse	Italien (Sardinien)	Schaf, Kuh 45%	Mühlstein bis 6 kg	weiß-cremig bis gelblich; haselnussartig bis pikant (je nach Alter)

Bezeichnung Gattung	Herkunftsländer	Milchart Fett i. Tr.	Handelsform Gewicht	Teigbeschaffenheit; Geschmack
Sbrinz Hartkäse (Reibkäse)	Schweiz	Kuh 45%	Flachzylinder bis 45 kg	gelblich bis hellbraun, wenige winzige Löcher; kräftig würzig, aromatisch
Schabziger (Schabzieger) Hartkäse (Kräuterkäse)	Schweiz	Kuh, auch Molke: 3 %	konische „Stöckli" bis 500 g	grüngrau; pikant und würzig
Schichtkäse Frischkäse	Deutschland	Kuh ab 10 %	Fertigpackungen 250 und 500 g	milchigweiß bis rahmgelb (je nach Fettgehalt), mehrere Schichten; milchsauer
Schmelzkäse Streich- oder Schnittkäse	Deutschland	Kuh unterschiedlich	Wurst, Scheiben, Ecken	durch Erhitzen von Naturkäsen hergestellt, streich- oder schnittfähig, auch mit Zusätzen (Schmelzkäse-Zubereitungen)
Steinbuscher Halbfester Schnittkäse	Deutschland	Kuh 30, 45, 50 %	Block 250 und 700 g	strohgelb, wenig Löcher; mild, mit zunehmender Reife würzig-pikant
Stilton (Blauer Stilton) Halbfester Schnittkäse (Edelpilzkäse)	Großbritannien	Kuh 55 %	Zylinder 4,5 kg	cremig mit blauviolett-grünen Edelpilzadern; mild und voll, pikantes Bukett
Taleggio Halbfester Schnittkäse	Italien	Kuh 48 %	Block bis 2,2 kg	hellgelb bis strohgelb; butterartig bis fruchtig-kräftig (je nach Alter)
Tilsiter Fester Schnittkäse	Deutschland Schweiz	Kuh 30, 40, 45, 50, 60 %	Laib, Brot bis 5 kg	elfenbeinfarben bis hellgelb, viele kleine Löcher; leicht herb bis pikant, etwas säuerlich, jedoch nicht sauer
Tomme de Savoie (halbfester Käse)	Frankreich	Kuh 40 %	Zylinder bis 3 kg	halbfester Teig; mild-cremig
Trappistenkäse Fester Schnittkäse	Deutschland	Kuh meist 30 %	Laib, Stange bis 2,7 kg	buttergelb, schlitzförmige Lochung; angenehm mild (ähnlich dem Tilsiter)
Vacherin à fondue Halbfester Schnittkäse	Schweiz	Kuh 45 %	Mühlstein bis 12 kg	elfenbeinfarbig, kleine Löcher; mild sahnig, leicht säuerlich
Weinkäse Weichkäse	Deutschland	Kuh ab 30 %	Laibchen 75 g	weißgelb, mattglänzend; mild-sahnig, vollmundig
Weißlacker Halbfester Schnittkäse	Deutschland	Kuh 40, 45, 50 %	Würfel ca. 1,7 kg	weißlich-cremig, wenige Löcher; sehr pikant bis leicht scharf
Wilstermarsch (Holsteiner Marschkäse) Fester Schnittkäse	Deutschland	Kuh 45, 50 %	Brot bis 6 kg	blaß- bis weißlichgelb, gleichmäßige feinporige Lochung: herb und leicht säuerlich
Ziegenkäse Weichkäse mit Außenschimmel	Deutschland, Frankreich	Ziege, auch mit Kuh und Schaf; ab 20 %	Flachzylinder bis 300 g	cremig bis gelblich (je nach Fettgehalt); pikant bis streng nach Ziegenmilch, auch mit Kümmelwürze

DIE REZEPTE NACH GRUPPEN

Soweit in den Rezepten nichts anderes vermerkt ist, sind die Zutaten für vier Personen berechnet.

Temperaturen im Backofen
Erfahrungsgemäß heizen Backöfen unterschiedlich. Die in den Rezepten angegebenen Backzeiten können deshalb nur Richtwerte sein und es empfiehlt sich, sie nach eigener Erfahrung anzupassen. Die in den Rezepten aufgeführten Temperaturen beziehen sich auf Ober und Unterhitze.

Abkürzungen:
EL = Esslöffel
TL = Teelöffel
g = Gramm
kg = Kilogramm
Msp. = Messerspitze
ml = Milliliter

Frühstück
Heidelbeermüsli mit Joghurt 62
Frischkäsemüsli mit Haferflocken 62
Frischkornmüsli mit Johannisbeeren und Kürbiskernen 62

Suppen
Zwiebelsuppe, überbackene 94
Käsebällchen in Gemüsebrühe 96
Urner Käsesuppe 96

Vorspeisen und Imbisse
Käsebrote 70
Zucchini im Glas 72
Ziegenkäse gratiniert mit Honig und Speck 74
Käsebällchen 76
Omelett mit Roquefort und Walnüssen 76
Käsesülzchen 78
Spargel in Käseteig 80
Spundekäs 82
Handkäs mit Musik 82
Biberleskäs 84
Fränkischer Kochkäs 84
Obatzda 86
Feta und Kräuter im Teig 88
Malakoffs de Vinzel 90
Stilton-Terrine 92
Pilzspieße 144
Welsh Rarebit 144
Ziegenkäslein in Kräutermarinade 154
Frischer Ziegenkäse mit Kräutern 154
Warmer Ziegenkäse auf Knoblauch 154
Frischkäse mit Oliven und Kapern 154

Salate
Feinschmeckersalat 64
Bauernsalat 66
Utas Partysalat 68
Obst-Käse-Salat 70

Gemüsegerichte
Artischocken mit Comté-Füllung 98
Sizilianischer Broccoli-Topf 102
Braune Bohnen mit Käsecreme 104
Pomponnettes au Gruyère 114

Fisch- und Fleischgerichte
Hechtschnitten Mornay 128
Kalbssteaks mit Roquefortsauce 118
Gouda-Kalbshaxe in der Tonform 120
Greyerzer Lammbraten 122
Bratkartoffeln mit Reblochon 124
Schweinskoteletts nach Greyerzerart 126

Käsegerichte
Raclette 150
Fondue 152
Käsebufett 180

Gerichte aus Teig

Käsespätzle	110
Ravioli mit Kräutern und Ricotta	112
Polenta mit Käsehaube	140

Herzhaftes aus dem Backofen

Mallorquinischer Auberginen-Auflauf	100
Kartoffelgratin auf Savoyische Art	106
Kartoffelgratin	106
Zucchiniauflauf mit Minze	108
Gefüllte Zwiebeln nach Waadtländerart	116
Soufflé au Bleu de Bresse	130
Quiche Lorraine	132
Masurischer Käsekuchen	134
Italienische Ostertorte	136
Gomser Cholera	138
Kartoffel-Pizza	142
Pizza mit Mozzarella und Basilikum	146
Rustikaler Ramequin	148
Käseroulade	156

Kuchen und Gebäck

Kanadische Cheddar-Shorties	158
Käsewaffeln	160
Bulgarische Käse-Pitka	162
Käseschnecken mit Kräutern	164
Bieler Käsestrübli	166
Käsestrudel	168
Quarktorte	178

Desserts

Saarländer Brie-Äpfel	170
Gorgonzola-Birnen	172
Tiramisu	174
Quarkcreme mit Sauerkirschen	176

REGISTER

Artischocken mit Comté-Füllung	98
Bauernsalat	66
Biberleskäs	84
Bieler Käsestrübli	166
Bratkartoffeln mit Reblochon	124
Braune Bohnen mit Käsecreme	104
Bulgarische Käse-Pitka	162
Feinschmeckersalat	64
Feta und Kräuter im Teig	88
Fondue	152
Fränkischer Kochkäs	84
Frischer Ziegenkäse mit Kräutern	154
Frischkäse mit Oliven und Kapern	154
Frischkäsemüsli mit Haferflocken	62
Frischkornmüsli mit Johannisbeeren und Kürbiskernen	62
Gefüllte Zwiebeln nach Waadtländerart	116
Gomser Cholera	138
Gorgonzola-Birnen	172
Gouda-Kalbshaxe in der Tonform	120
Greyerzer Lammbraten	122
Handkäs mit Musik	82
Hechtschnitten Mornay	128
Heidelbeermüsli mit Joghurt	62
Italienische Ostertorte	136
Kalbssteaks mit Roquefortsauce	118
Kanadische Cheddar-Shorties	158
Kartoffelgratin	106
Kartoffelgratin auf Savoyische Art	106
Kartoffel-Pizza	142
Käsebällchen	76
Käsebällchen in Gemüsebrühe	96
Käsebrote	70
Käsebufett	180
Käseroulade	156
Käseschnecken mit Kräutern	164
Käsespätzle	110
Käsestrudel	168
Käsesülzchen	78
Käsewaffeln	160
Malakoffs de Vinzel	90
Mallorquinischer Auberginen-Auflauf	100
Masurischer Käsekuchen	134
Obatzda	86
Obst-Käse-Salat	70
Omelett mit Roquefort und Walnüssen	76
Pilzspieße	142
Pizza mit Mozzarella und Basilikum	146
Polenta mit Käsehaube	140
Pomponnettes au Gruyère	114

Quarkcreme mit Sauerkirschen	176
Quarktorte	178
Quiche Lorraine	132
Raclette	150
Ravioli mit Kräutern und Ricotta	112
Rustikaler Ramequin	148
Saarländer Brie-Äpfel	170
Schweinskoteletts nach Greyerzerart	126
Sizilianischer Broccoli-Topf	102
Soufflé au Bleu de Bresse	130
Spargel in Käseteig	80
Spundekäs	82
Stilton-Terrine	92
Tiramisu	174
Urner Käsesuppe	96
Utas Partysalat	68
Warmer Ziegenkäse auf Knoblauch	154
Welsh Rarebit	144
Ziegenkäse gratiniert mit Honig und Speck	74
Ziegenkäslein in Kräutermarinade	154
Zucchini im Glas	72
Zucchiniauflauf mit Minze	108
Zwiebelsuppe, überbackene	94

Register der Käsesorten

Appenzeller	78, 80, 104	Sbrinz	96, 136, 156
Bergkäse	70	Stilton	92
Bergkäse, Tessiner	140	Tête de Moine	64
Blauschimmelkäse	76, 130	Tilsiter	104, 134, 168
Brie	170	Reblochon	106
Caciocavallo	102	Tomme de Savoie,	106
Camembert	86	Vacherin	152
Cheddar	158	Ziegenkäse	74, 154
Comté	94, 98		
Doppelrahm-Frischkäse	108		
Edamer	70, 160		
Emmentaler	70, 78, 104, 110, 132, 142, 164		
Feta	66, 68 88, 162		
Fontina	136		
Frischkäse	62		
Gloucester	144		
Gomser (Raclette-Käse)	138		
Gorgonzola	172		
Gouda	120		
Greyerzer (Gruyère)	122		
Gruyére	90, 94, 96, 114, 116, 126, 166		
Handkäs	82		
Kochkäse	84		
Manchego	100		
Mascarpone	174		
Mozzarella	146		
Parmesan	112, 128		
Pecorino	136		
Quark	62, 176		
Raclette-Käse	90, 148, 150		
Reblochon	106, 124		
Ricotta	112, 178		
Roquefort	76, 118		

Bildquellen
Impressum

Sigloch Edition Bildarchiv: Rezeptbilder/ Hans Joachim Döbbelin
Landschaftsbilder und Technik: Sigloch Edition/ Achim Sperber
www.sigloch-edition-bildarchiv.com

Einige weiterführende Internetadressen zum Thema Käse:
www.rohmilchkaese.de
www.kaese-schweiz.com
www.fromage-online.com
www.fromage.de
www.ecc.de

© Sigloch Edition, Am Buchberg 8, D-74572 Blaufelden
Nachdruck verboten. Alle Rechte vorbehalten. Printed in Latvia
Satz: P.H.Design, Lorch
Druck: Preses Nams, Riga
Papier: 135 g/m² UPM Finesse 700 holzfrei glänzend zweiseitig
doppelt gestrichen Bilderdruck.
Ein Produkt der UPM-Kymmene Fine Paper GmbH
Bindearbeiten: Sigloch Buchbinderei, Blaufelden
ISBN 3-89393-035-3